# LISTEN
# TEACH
# SEND

A National Pastoral Framework
for Ministries with Youth
and Young Adults

United States Conference of Catholic Bishops

## 2024

*Listen, Teach, Send: A National Pastoral Framework for Ministries with Youth and Young Adults* was developed by the Committee on Laity, Marriage, Family Life, and Youth of the United States Conference of Catholic Bishops (USCCB). It was approved for publication by the USCCB at its June 2024 Plenary Assembly. It has been directed for publication by the undersigned.

Rev. Michael J.K. Fuller
General Secretary, USCCB

The USCCB Committee on Laity, Marriage, Family Life, and Youth wishes to offer gratitude to the youth, young adults, families, and pastoral leaders across the country for offering assistance and support during the development, creation, and editing of this framework document. The Committee also gives thanks to the consultants of its Bishops Working Group on Youth and Young Adults; to all the women and men who actively participated in the USCCB *Journeying Together* intercultural initiative on young people; to the leadership of the National Federation for Catholic Youth Ministry (NFCYM), the National Catholic Committee on Scouting (NCCS), the Catholic Campus Ministry Association (CCMA), the National Catholic Network de Pastoral Juvenil Hispana (LaRED), and the National Institute for Ministry with Young Adults (NIMYA); and to Mr. Armando Cervantes, Mrs. Nicole Perone Grosso, Dr. Bob Rice, and Mrs. Verónica López Salgado for their particular work on assisting with the framework text and its translation.

Published by OSV in 2024.

Our Sunday Visitor Publishing Division, 200 Noll Plaza, Huntington, IN 46750; www.osv.com; 1-800-348-2440.

ISBN: 978-1-63966-314-9 (Inventory No. T2963)
eISBN: 978-1-63966-315-6
First printing, 2024

Cover art: AdobeStock

PRINTED IN THE UNITED STATES OF AMERICA

# Foreword

**Most Reverend Robert E. Barron**, *Chairman*
*Committee on Laity, Marriage, Family Life, and Youth*
*United States Conference of Catholic Bishops*

It is a great moment of joy to share *Listen, Teach, Send: A National Pastoral Framework for Ministries with Youth and Young Adults* with the People of God across the United States.

This framework is intended for Catholic pastors, pastoral leaders, and families to be a source of inspiration and motivation for engaging and accompanying youth and young adults. The U.S. Bishops hope that it will be a catalyst for ministerial growth and investment in young people.

Pope Francis' apostolic exhortation *Christus Vivit* (2019), which was the Holy Father's own response to a synodal process of listening and journeying with youth and young adults, has been a significant source of inspiration for the bishops as we have explored how pastoral ministries with younger generations can be both effective and fruitful in our country.

Readers will also note that the bishops begin the framework with a direct address to young people, as we believe that youth and young adults themselves are significant agents of these ministries. This does not, however, excuse older generations and families from engaging in the work, as each person in the community has a role in the accompaniment of young people.

The framework addresses ministries with several age groups. It should be noted that "youth" and "young adults" are indeed distinct age groups: *youth* are adolescents and teenagers in middle school and high school, while *young adults* are those in their late teens, twenties, and thirties in college and in the working world. While youth and young adults are chronologically adjacent to each other, outreach to these populations should not be fused together in ministerial practice.

What does connect them, though, are three factors: first, that all those from adolescence through young adulthood are going through periods of rapid developmental, emotional, and social transitions that greatly impact their spiritual and personal growth; second, that in many instances, the Catholic Church has not invested as much as it should in faithfully accompanying them through times of great transition and growth; and third, that these generations have been among the most absent from the active practice of the Catholic faith in our nation's history.

As a result of these realities, the U.S. Bishops have decided to address, in one pastoral document, how the Church can best respond and accompany — institutionally as well as in homes, families, and social networks. As you read this framework, we pray that it will not just be another book on the shelf, but that it will serve as a nationwide summons to step up and engage youth and young adults in every local Catholic community and in every family.

Let us continue to pray for one another in this exciting task laid out before us.

# *Listen, Teach Send*:
# The Framework Outline
# Table of Contents

**Part 2: Teaching**

**Part 3: Sending**

**Conclusion**

# Dear Young Friends

*A Pastoral Letter from the U.S. Bishops
to Youth and Young Adults*

Dear young friends,

Christ is alive in you. We, the Catholic bishops of the United States of America, echo our Holy Father, Pope Francis, who reminds us, "He is in you, he is with you, and he never abandons you. However far you may wander, he is always there, the Risen One."[1] Wherever this letter finds you, we invite you to allow Jesus, the most important companion you will ever have on the journey of life, to transform you, so that Christ can always remain alive in you. That transformation begins with an encounter with Jesus, who is present for us and *listens* to our joys and struggles. He invites us to learn from him as he *teaches* us the truth, beauty, and goodness of the Gospel. Then we are transformed as Christ *sends* us forth on our mission to share what we received.

For our part, we — as your shepherds and companions on life's journey — have heard from you through the years, attentively listening to your

---

1. Francis, apostolic exhortation *Christus Vivit* (*CV*), 2019, no. 2.

stories. We have allowed your prophetic voices and enthusiastic zeal to touch our hearts and souls, and, with spiritual affection, we are grateful for your presence within our Catholic communities of faith. For those who are not connected to the Church: your presence is missed. You are always welcome, and, with us, we pray that you will find a loving and supportive home where Christ is truly present and ready to encounter you and touch your heart.

We have met many of you through the sacramental life of the Church, through Confirmation, Marriage, Baptism, or Holy Orders, and at various moments of return throughout the liturgical year. We pray that the graces you received from the Lord during those sacramental experiences have taken root in your lives. We have also met a number of young people through pilgrimages like World Youth Day. We have seen you at national and diocesan gatherings, events, and listening sessions.[2] Each of these encounters has been, for us, a source of great joy and hope.

In the Scriptures, the risen Christ meets and accompanies two disciples on the road to the town of Emmaus (see Lk 24:13–35), and this "journeying together"[3] is a fitting model for us to follow as we reflect on the Catholic Church's engagement and ministries with youth and young adults. In this story, we see as Jesus *listens* to their realities so that they might recognize what they are truly experiencing; he then *teaches* the disciples, causing them to interpret their lives in light of that teaching; finally, he speaks to their hearts and *sends* them out on mission, which they boldly choose to embark upon immediately.[4] We, too, are eager to listen to and understand your experiences, to teach and share the Catholic faith rooted in wisdom and a deep understanding of Christ and the Gospel by the Church, and to empower and send you forth into the world with hearts on fire for the Lord and his people.

This threefold path (*listen-teach-send*) is the framework that we are sharing with the leaders of the Catholic Church, so that, together, we might

---

2. On a national level in recent years, these have included the USCCB Convocation of Catholic Leaders (2017), the Fifth National *Encuentro* (2017–2018), conversations leading to the XV Synod on Young People (2017–2018), the *National Dialogue* process (2017–2021), the USCCB *Journeying Together* initiative (2020–2023), and listening done to prepare for the XVI Synod on Synodality (2021–2024), as well as at National Catholic Youth Conferences (NCYC), Steubenville youth conferences, FOCUS SEEK conferences, and Catholic Social Ministries Gatherings (CSMG), among others.

3. *CV*, no. 206.

4. See Ibid., no. 237.

imitate Jesus Christ in accompanying you and your peers. We invite you to be receptive to the Church's engagement and ministries with young people, so that you, like those two disciples on the road, can also recognize Christ in your lives, interpret them in light of the Gospel, and choose to set forth on a lifelong path of missionary zeal and commitment.

God has always been at work in this way. The Scriptures and the story of the Church through the ages offer us many examples of the Lord speaking through the voices and actions of young people—biblical heroes such as the prophet Jeremiah, St. John the Apostle, and St. Timothy; courageous martyrs like St. Joan of Arc, St. Isidore Bakanja, and St. José Sánchez del Río; bold witnesses such as St. Pedro Calungsod, St. Kateri Tekakwitha, and St. Thérèse of Lisieux; and modern-day examples like Bl. Pier Giorgio Frassati, Bl. Chiara Badano, Bl. Carlo Acutis, and so many more. The most prominent of these holy men and women is the Blessed Virgin Mary who said "yes" to the Lord as a young woman betrothed to Joseph (see Lk 1:38). They have all journeyed together with Christ in their own way, and we pray that you will follow the lead of these and countless other saints toward holiness and salvation.

The purpose of the framework we offer to the Church is to empower the entire Catholic community to be conduits of the Holy Spirit in sharing the Gospel with all young people to transform the world by Jesus' love. As St. John Paul II once said, "Dear young friends: I pray that your faith in Christ will always be lively and strong. In this way, you will always be ready to tell others the reason for your hope; you will be messengers of hope for the world."[5] As your bishops, in the company of dedicated priests, deacons, lay, and consecrated leaders and your parents and families, we join you in this endeavor, as we seek to bring the light of Jesus to all people.

In *Christus Vivit*, Pope Francis' apostolic letter to and about young people, the Holy Father wrote, "Jesus, himself eternally young, wants to give us hearts that are ever young."[6] Though we are of different and older generations than you, we have all been invited to share in Christ's eternal youthfulness, which "means having a heart capable of loving, whereas ev-

---

5. John Paul II, "Teleconference with Young People," Apostolic Journey to the United States of America and Canada, Universal Amphitheatre (Los Angeles, CA), September 15, 1987, no. 3.
6. *CV*, no. 13.

erything that separates us from others makes the soul grow old."[7] Jesus is "the way, the truth, and the life" (Jn 14:6) for every age, every generation, and every culture. He is the path, the companion, and the destination of a pilgrimage on which we are all traveling together. He wants us all to have a conversion of heart.

At times, members of the Catholic community — and this includes us — have not always been attentive to the needs of young people and families. We recognize the pain and struggle many of you experience in your lives, communities, or the Church. For anything that we may have done or failed to do, individually or collectively, contributing to young people's distress, we humbly and sincerely ask for forgiveness, and we resolve to do what is "right and just" now and into the future.

We are also writing this in the wake of several difficult events over the past few years: scandals within the Church, a global pandemic, financial difficulties that have impacted you and the Church's ministries for you, the breakdown of the family, an increase in acts of racism and prejudice, the rise of polarization, secularism, and individualism, and a growing awareness that many of you do not feel valued, listened to, or loved. On our part, we resolve to continue working with you and all of the Church to bring healing, reconciliation, and the peace of Jesus Christ.

This national pastoral framework is being given to the Church as a step toward more substantial conversations and Spirit-led renewal in our ministries to, with, and for you. We hope and pray that all the young people of our country, in particular those who are suffering, lost, or alone, "feel the closeness of a Catholic community that can reflect Jesus' words by our actions, our embrace, and our concrete help."[8] Please know that you are constantly in our hearts and we, as servant leaders within the Church, want to journey together with you so that "we can learn from one another, warm hearts, inspire minds with the light of the Gospel, and lend new strength to our hands."[9]

In that spirit, we join Pope Francis in speaking directly to you as he did in *Christus Vivit* and as he does at World Youth Days and in other encounters and addresses. To begin, we wish to reiterate that God is always with

---

7. Ibid.
8. Ibid., no. 77
9. Ibid., no. 199

you. Do not lose hope! There are reasons the Lord put you on your path in life. Do not lose faith when bad things happen and do not abandon hope if you have strayed from a good and moral path. You are holy and precious in the eyes of Christ: "Do you not know that your body is a temple of the holy Spirit within you, whom you have from God, and that you are not your own?" (1 Cor 6:19). Do not feel you are unlovable or unforgiveable.

In fact, you are so significant and worthy of love "for you are the work of his hands."[10] You are infinitely loved! You belong. You have a purpose. You matter. To God, to the Church, to us, to your peers, and to the world, you truly matter. Know of God's boundless mercy and seek out opportunities for reconciliation. Christ pursues us, no matter how far we might stray from him, because he loves us. You are never too far away, and you always have a home in the Lord's house, where you can encounter Jesus' redeeming mercy.

Make time to read Scripture, *The Catechism of the Catholic Church*, and the lives of the saints, who inspire us by their timeless witness of faith. Read and reflect on *Christus Vivit* and hear Pope Francis speak directly to your heart. Persevere in the Christian faith. Be an active part of the Catholic community. Be protagonists of love and hope "and make good decisions"[11] in your daily life. Pray often. Slow down and allow God to speak to you in a still, small "whispering sound" (1 Kgs 19:12). Serve those in need. Consider where God is calling you in life "to share in his work of creation and to contribute to the common good by using the gifts we have received."[12] Go and "make a ruckus!"[13]

As we said at the beginning of this letter, Christ is indeed alive in you. This is why "there can be no doubt that goodness will have the upper hand in your life... If we hold fast to him, we will have life, and be protected from the threats of death and violence that may assail us in life."[14] We share this fervent hope with you. Have the courage to accept these challenges: being open to a conversion of heart to the way of Jesus; becoming a missionary disciple on fire with the faith; bearing witness to Christ and sharing the Gospel with your peers; and freely giving your life to the Lord and for

10. Ibid., no. 115.
11. Ibid., no. 143.
12. Ibid., no. 253.
13. Ibid., no. 143.
14. Ibid. no. 127.

others.

For our part, we commit to praying for you and your well-being. We join you in prayer for the world, especially those on the peripheries who suffer greatly. We humbly ask you to pray for us, your bishops and pastors. The power of prayer is incredible. May we each pray for one another and for all our intentions. We especially look forward to praying alongside you when we have the honor of encountering each other in the sacred liturgy of the Church and sharing the Eucharist. We also commit to supporting you in your boldness as missionary disciples and to help you seek God's truth, beauty, and goodness in the world, even if your peers may not support it. Pope Francis wrote, "Don't think that this mission is soft and easy... don't wait until tomorrow to contribute your energy, your audacity, and your creativity to changing our world... You are the *now* of God, and he wants you to bear fruit."[15]

We commit to *listening* to you as, together, we discern what the Holy Spirit says to us through Scripture and Tradition, being attentive to the courageous words you share with the Church.

We commit to *teaching* you, ever watchful for the "signs of the times" (Mt 16:3),[16] yet always faithful to Christ and his truth. We endeavor to share the Gospel by the witness of our lives and actions.

We commit to *sending* you, accompanying, investing in, and equipping you for the vocation and mission God has called you to in this life so that you might be loving agents of transformation.

Working together, let us all — bishops, ministry leaders, and young people, in the company of your pastors, families, and local communities — fervently commit to carrying out Christ's mission in the world, in solidarity and in collaboration with each other, always guided by the Holy Spirit. Let us renew our mutual call to be missionary disciples who love the Lord and seek to do his will. Let us walk side by side with one another on this shared pilgrimage, "keeping our eyes fixed on Jesus, the leader and perfecter of faith" (Heb 12:2), with the maternal protection of our Blessed Mother Mary, the young woman of Nazareth, to whom we entrust the Church's ministries to, with, and for you.

---

15. Ibid., no. 178.
16. See also John XXIII, apostolic constitution *Humanae Salutis*, 1961, no. 4.

# Framework Introduction

*Jesus himself drew near and walked with them. (Luke 24:15)*

Christ is alive[17] in the youth and young adults of the United States,[18] as well as in the hearts of those who accompany them. Christ draws near to young people in order to *listen* to them, *teach* them, and *send* them forth, filled with the Holy Spirit to "be protagonists of the revolution of charity and service."[19] The Catholic Church is called to imitate Christ as she encounters and engages each new generation: to listen, teach, and send every young person in the name of Jesus.

In this, the Church renews her commitment to accompany and minister with youth and young adults. Effective ministries with young people must be dynamic movements inspired by the Holy Spirit, where all generations, cultures, and communities "journey together,"[20] advancing

---

17. *CV*, nos. 1–2.
18. In this document, the term "youth" connotes adolescents in their teenage years, while the term "young adults" is defined as women and men in their twenties and thirties, single and married, with or without children.
19. *CV*, no. 174.
20. Ibid., no. 199.

13

toward "experiencing a shared encounter with the living God."[21]

We, as the Catholic bishops of the United States, offer this national pastoral framework as a summons to local faith communities across the country to renew their efforts with youth and young adults. This particular revitalization began with the Holy Father, who convened an international synod on young people[22] from 2017 to 2018 and subsequently encouraged the entire Church through his apostolic exhortation *Christus Vivit* in 2019. We echo his words in that wonderful teaching, and now wish to address our pastors and our lay, ordained, and consecrated Catholic leaders, including parents and families, so that the Church might experience a rejuvenation of evangelization to and ministries with youth and young adults. In global synod consultations, the People of God raised up the need for "a renewed focus on young people, their formation" and that "accompaniment (of the young) is an urgent need"[23] for dioceses/eparchies, parishes, campuses, movements, and apostolates. We recommit ourselves to this important effort, so that this moment "may be an opportune time for courageous spiritual renewal"[24] for the Church and our approach to young people. As we look at culture and the realities impacting the U.S., we feel this is the time for us to offer an urgent, prophetic, and pastoral response to ensure the Gospel is preached to younger generations and that the important work of ministry and accompaniment of youth and young adults be carried out faithfully and effectively in every Catholic community throughout our nation.

The overarching narrative for this message of renewal is grounded in the journey of the two disciples on the road to Emmaus with the risen Lord found in the Scriptures (Lk 24:13–35). In *Christus Vivit*, Pope Francis recommends the Emmaus story as "a model for what happens"[25] in ministries with youth and young adults, as it points to "a process that is

---

21. Ibid., no. 204.
22. It is helpful for those from the United States to know there are English linguistic differences that exist in Vatican and other countries' documents and activities around "young people." For example, when Pope Francis references "youth" or "youth ministry" in *Christus Vivit*, it inclusively applies to adolescents, collegians, *and* "young adults," as it is translated from either "giovani" (Italian) or "jovenes" (Spanish), a broader age range than the U.S. concept of "youth" (which is often limited to the teenage years, whereas elsewhere, it may refer to those ages 16 to 35).
23. Vatican Synod Office, *Working Document for the Continental Stage*, XVI Ordinary Synod, September 2022, no. 35.
24. John Paul II, Message of the Holy Father to the youth of the world on the occasion of the 15th World Youth Day"(Libreria Editrice Vaticana [LEV], June 29, 1999), no. 4.
25. *CV*, no. 236.

gradual, respectful, patient, hopeful, tireless, and compassionate"[26] and it always begins with the Lord:

> Jesus walks with two disciples who did not grasp the meaning of all that happened to him and are leaving Jerusalem and the community behind. Wanting to accompany them, he joins them on the way. He asks them questions and listens patiently to their version of events, and in this way, he helps them *recognize* what they were experiencing. Then, with affection and power, he proclaims the word to them, leading them to *interpret* the events they had experienced in the light of the Scriptures. He accepts their invitation to stay with them as evening falls; he enters into their night. As they listen to him speak, their hearts burn within them and their minds are opened; they then recognize him in the breaking of the bread. They themselves *choose* to resume their journey at once in the opposite direction, to return to the community and to share the experience of their encounter with the risen Lord.[27]

This threefold framework shows how a young person can *recognize* God at work in their lives, *interpret* their experiences in light of faith, and, as a result, discover and *choose* to follow their vocation and mission. A transformation, or *metanoia*,[28] can take place because Jesus first listens, teaches, and sends them. The Church, following Christ's example, is called to do the same: to *listen* to young people, to *teach* them the Gospel, and to *send* them forth into the world, alive in the Spirit. This "listen-teach-send" triptych is a framework to further develop concrete ministerial plans. Just as "Jesus himself drew near and walked with them … while they were conversing and debating" (Lk 24:15), Christ draws near to us once more, as we ourselves continue to converse and discern the best practices and latest trends about young people. His constant and eternal presence, made manifest in the Word of God and the Eucharist, ceaselessly aids us

---

26. Ibid.
27. Ibid., no. 237.
28. "… *metanoein* … to go beyond our usual ways of thinking, beyond our habitual worldview," Pope Francis, Homily, Athens (December 5, 2021). Also important is the word "conversion" that is essential to effective ministry.

as we embark upon a journey in the company of the young, with hopeful hearts. The Holy Spirit, the divine protagonist active in our world today, strengthens and moves us toward the Church's preeminent mission of evangelization, offering us motivation to move forward in hope.

So that this framework is not a theoretical ideal or the property of a select few professional ministers, we begin this summons in the home and with our loved ones, for "the family should be the first place of accompaniment."[29] The Church's pastoral ministries with youth, collegians, and young adults must be deliberate not only in partnering with parents, families, and family ministries, but truly integrating our work together "with the aim of ensuring a continuous and suitable accompaniment of the vocational process."[30] All of this is best done by starting with a simple encounter with one or a few youth or young adults within our families, social networks, or parishes, with a movement toward authentic listening, evangelization, and mission.[31]

When speaking about "young people" in this framework, we are not imagining an abstract concept, group, or a data demographic; rather we have in mind the young women and men who we know or with whom we interact on a regular basis: sons and daughters, grandchildren, nieces and nephews, siblings, and cousins within our families, as well as friends, colleagues, co-workers, neighbors, and all the young people we meet in our daily routines. Each of them has a unique name, face, and identity: beloved by God and integral to the mission of the Church. Just as Jesus drew near to the disciples on the road, may we also draw near to them and, in imitation of Christ and by the grace of God, faithfully listen, teach, and send them forth on the journey ahead.

---

29. *CV*, no. 242.
30. Ibid.
31. Additional suggestions and concrete ideas for implementation can also be found in the supplemental materials accompanying this document, prepared by the USCCB Committee on Laity, Marriage, Family Life, and Youth.

# Part 1: Listening

*(Jesus) asked them, "What are you discussing
as you walk along?" (Luke 24:17)*

Jesus began the Emmaus journey with the disciples in a posture of listening and asking questions like "What are you discussing as you walk along?" (Lk 24:17). Modeling the Church's ministries with young people on this open and inquisitive example, the place to begin engaging with any youth or young adult is through intentional and patient listening and dialogue, with the goal of helping a young person recognize God at work in their lives and stories. Christ always listens to us, and the Church should always listen to youth and young adults.

Let us ask young people regularly: What's on your mind? What's on your heart? What's bothering you? What's exciting for you? What are you dreaming about? For what are you hoping? Like the disciples on the road to Emmaus, those we encounter may be walking in the wrong direction. They may say or do things with which we disagree. But, like Jesus, we are called to listen with love, tenderness, and compassion. God seeks us and takes the initiative to claim us as his own, no matter how far or how fast we might walk away from him. Following the Lord's lead, the Church is asked to do the same, especially with youth and young adults.

This posture, then, involves a meaningful encounter with, a steadfast presence among, and an authentic desire to know and understand youth and young adults in the realities of their lives. Once we have truly listened, trust can be formed, and we can go even deeper. As Pope Francis noted, "We need to make more room for the voices of young people to be heard: listening makes possible an exchange of gifts in a context of empathy… it sets the conditions for a preaching of the Gospel that can touch the heart truly, decisively, and fruitfully."[32]

Youth and young adults have made their voices known to the bishops nationally and pastors locally through the Church's ongoing listening and consultation processes.[33] Many young people have shared that they love Jesus, his Church, and the People of God. They bring enthusiasm and creative ideas to the various ministries in which they participate. At the same time, the Church recognizes that there are many youth and young adults who are no longer connected to or active within our Catholic communities. Some do not hear or respond to the Lord's call in their lives, while others have been hurt or ignored in their families and by church leaders, contributing to this distance.

Over the past number of years, we have seen a significant statistical rise in the number of people who no longer identify with any religious tradition or faith community (often called the "nones"). This detachment can begin as early as pre-adolescence.[34] We can become disheartened as we see junior high and high school youth who no longer engage in their faith after Confirmation. We are also saddened as fewer young adults pursue marriage in the Church, priesthood, or consecrated life, seek Baptism for their sons and daughters, or raise their children in the Catholic faith.

32. *CV*, no. 38. (quoting Final Docment, XV Ordinary Synod on "Young People, the Faith, and Vocational Discernment," no. 8).

33. These listening experiences include, but are not limited to: the XV Ordinary Synod on "Young People, the Faith, and Vocational Discernment" (Vatican, 2017–2018); the Fifth National *Encuentro* on Hispanic/Latino Ministry in the United States (USCCB, 2017–2018); the *National Dialogue on Catholic Pastoral Ministries with Youth and Young Adults* (NFCYM, LaRED, CCMA, NATYAM, and USCCB, 2017–2021); *Journeying Together: A National Catholic Intercultural Encounter for Ministries with Youth and Young Adults* (USCCB, 2019–2023); and the XVI Ordinary Synod "For a Synodal Church" (Vatican, 2021–2024).

34. Bob McCarty and John Vitek, *Going, Going, Gone: The Dynamics of Disaffiliation in Young Catholics* (St. Mary's Press, 2018), p. 42.

The family, especially the witness of the parents, plays a major role in this pattern. "Believing parents, with their daily example of life, have the most effective capacity to transmit the beauty of the Christian faith to their children."[35] We are encouraged when we see youth and young adults in the company of their families at liturgical and cultural celebrations and during moments of return like holidays, weddings, or funerals, and when parents and guardians pass on a love of the Word of God, the joy of volunteering in the community, the tradition of Catholic devotions, regular engagement in the Sacrament of Reconciliation, and a belief and participation in the Holy Eucharist. We are deeply concerned, however, with an increasing absence of parents and families as the "first catechists" of their children (along with the general breakdown of family structures to support young people as they develop), as well as a lack of collaboration between family ministries and ministries with youth and young adults, which has visible impact on the declining faith practices in young people.[36] We recognize the critical importance of parents and grandparents for the transmission of faith from one generation to the next and for the encouragement of vocations, and pray that there might be a better coordination between these ministries to revitalize such efforts. These factors all contribute to the context in which we often find ourselves, as we set out on this journey together.

## Encountering Young People

The first step in listening is to draw closer to young people: not just to talk *about* them, but also to talk *with* them. When we encounter young people, we see their faces, hear their voices, and allow their words and actions to move us. We come to know who they are. We learn their stories. This also means we go out of our own comfort zones to encounter those of another generation: meeting youth and young adults on their paths—especially outside church walls—just as Jesus did when he caught up with the two disciples walking away from Jerusalem. As Pope Francis tells us, "There is room for everyone. Jesus says this clearly… young and old, healthy and infirm, righteous and sinners. Everyone, everyone, ev-

---

35. Pontifical Council for the Promotion of the New Evangelization, *Directory for Catechesis* (DFC), (LEV, 2020), no. 124.
36. See *Called to the Joy of Love* (USCCB, 2022) for more on the pastoral care of marriages and families.

eryone! In the Church, there is room for everyone."[37] When we encounter the great diversity of young people where they live and move and have their being (see Acts 17:28), we have an opportunity to encounter the Lord, present in all their hearts. We meet Christ suffering through their struggles, and we see Christ joyous through their youthfulness and energy.

In our own recent encounters with youth and young adults, we have come to understand that the sobering trends in culture and society can be caused, magnified, or aggravated by the realities surrounding young people. This includes increasing secularization; worldwide health concerns; wars and international conflict; financial challenges; racial and cultural divisions; divorce and the breakdown of the family; challenges to the beauty of human sexuality; the rise of mobile technology and the prevalence of social media (and its impact on mental health and wellness); environmental concerns; growing rates of poverty and economic disparity; political and social polarization; migration, refugee, and immigration issues; the pervasive culture of relativism and judgmentalism; and the sexual abuse crises in society and in the Church herself.[38] Distinct to our times, we also recognize the significant impact that random and unpredictable acts of public violence are having on young people today.

Pope Francis lamented that, "at times, the hurt felt by some young people is heart-rending, a pain too deep for words."[39] We are especially grieved when we encounter young people struggling with mental health crises, exacerbated by grief, anxiety, loneliness and isolation, uncertainty of their societal context, and technology. We are struck by the racial injustices toward Black and African Americans, Asian Americans and Pacific Islanders, Hispanics/Latinos, and Native Americans. It shows us that this country and the Catholic Church still struggle with the evil of racism.

Young people with disabilities have also shared with us that they feel marginalized and unnoticed in society, among their peers, and even with-

37. Francis, Welcome Ceremony Address of His Holiness (Parque Eduardo VII, Lisbon, Portugal), 2023.
38. See input from the *National Dialogue on Catholic Pastoral Ministry with Youth and Young Adults* Final Report (2021) at https://nationaldialogue.info/ and the USCCB *Journeying Together* project (2020-2023) at https://www.usccb.org/committees/cultural-diversity-church/journeying-together, among others.
39. *CV*, no. 77.

in faith communities. And many youth and young adults have become accustomed to horrific events such as suicides, shootings, and incidents of violence within schools, campuses, neighborhoods, and workplaces. At the same time, we see how young people come together in response to these and other tragic situations, providing hopeful witness to God's goodness in the face of adversity. This is further exacerbated by economic difficulties in our Catholic communities, which have caused many dioceses/eparchies, campuses, parishes, and apostolates to combine, reduce, or eliminate positions and ministry initiatives supporting young people, leaving them without opportunities for pastoral care during challenging times.

Yet we "abound in hope by the power of the Holy Spirit" (Rom 15:13). We are encouraged by local ministries across the United States that regularly encounter young people, especially those in marginalized communities that seek to heal wounds and renew youth or young adults in the faith.[40] Their example shows us that, to truly enter into this journey with any young person, we must be willing to encounter that individual with loving and generous pastoral concern, wherever they are, and prayerfully reflect on the situations they face: Who do we see before us? Who is missing? What are all their concerns? And then: How can we respond?

## Being Fully Present

Christ is fully present in our Church and in our world. For two millennia, the Lord has remained in our midst: through his Real Presence in the Holy Eucharist, in Word and Sacrament, and as he reminded us in Scripture, "For where two or three are gathered together in my name, there am I in the midst of them" (Mt 18:20).

We share that constant and loving presence of the Lord by providing empathetic presence and accompaniment in helping youth and young adults navigate numerous life transitions and developmental moments. God shares his presence to and with young people by acting through us: when we accompany and are fully present to a young person, he or she

---

40. We commend ministries such as *Corazon Puro* in the Bronx in the Archdiocese of New York, led by the Franciscan Friars of the Renewal, and *Iskali*, a leadership development ministry in the Archdiocese of Chicago, led by lay Catholic young people, among other local apostolates and parish ministries, for their work at encountering young people in challenging circumstances and within marginalized communities.

can feel the presence of Christ, who longs to be close to every individual we encounter. There are times when silence and simply being present — proceeding without judgement or "fixing" — is a great course of action "in imitation of Jesus' care of people, especially those who were hurting and in need."[41]

For youth moving from junior high to and through high school as they develop physically, creatively, intellectually, and spiritually, this practically means that the Church is there to help them, in conjunction with their families, as they navigate through friendship, intimacy, life goals, and vocational pathways. For those in their 20s or 30s, it is being present as they discern and engage in young adult life transitions. As they enter and graduate from college, seek employment, or engage in military service; as they move away from home, form relationships (dating, engaged, or married); as they start a family or become a priest, consecrated religious sister, or brother; and as they assume responsibility for the concrete realities of life (from housing, bills, and taxes to healthcare and caring for aging parents), the Church is called to be lovingly there for them.

Both youth and young adults need the presence of Christ and the Church when facing challenges due to immigration status, unemployment, incarceration and criminal record, poverty, lack of educational opportunities, domestic abuse, separation, divorce, broken families, disability, and other realities. These experiences can lead to or may be compounded by loneliness, social isolation, anxiety, stress, insecurity, or clinical depression, including serious consideration of or committing suicide. Young people are particularly vulnerable in these contexts and need the care and support of faith communities. The Church, through its social and support ministries such as Catholic Charities, Catholic Relief Services, Walking with Moms in Need, the Catholic Campaign for Human Development, addiction recovery programs, and other local efforts with vulnerable populations, can remind young people who are marginalized and at risk of the presence and pastoral care of a God who loves them unconditionally.

We have also seen positive signs of the Holy Spirit at work, where the Church is truly present in the lives of the young. The rise of lay move-

---

41. *Renewing the Vision: A Framework for Catholic Youth Ministry* (USCCB, 1997), p. 42.

ments, associations, and new communities, Catholic scouting, and pilgrimages to World Youth Day are all having a positive impact on many young people. There are also parishes and dioceses/eparchies engaging in creative projects for active churchgoers and ecumenical collaboration. Catholic campus ministries and evangelical missionaries provide collegians with loving accompaniment, vibrant liturgies, retreats, and meaningful encounters of service in university settings. Intercultural and social justice efforts, including volunteer, advocacy, and immersion programs, offer young people opportunities to work together in the Church's mission to the margins. Many faith communities have embraced new technologies and invited young people to assist them in understanding and making use of the digital landscape. And more young people are encountering Jesus in the Blessed Sacrament, the Real Presence, both in Mass and in Eucharistic adoration.

## Understanding Across Generations

As the Church encounters, listens to, and is present to young people, she comes to better understand the uniqueness of each person. Pope Francis noted that in the world today, "we see a tendency to 'homogenize' young people, blurring what is distinctive about their origins and backgrounds, and turning them into a line of malleable goods"[42] producing a cultural sterility wherein identities are often forgotten over time. It should go without saying that youth and young adults are not a data set, a demographic category, or an abstract monolith; rather every young person has a name, a face, and a soul, "each with the reality of his or her own life."[43] To truly understand and appreciate each unique story, we must recognize the distinct cultural and generational expressions present in their lives. We listen to understand with loving hearts.

Though knowing data, cultural norms, and emerging trends about youth, collegians, or young adults can be helpful to some degree, we discover that the best way to get to know the young is through individual accompaniment. Pope Francis emphasizes this as he reflects on the story of Emmaus, noting that, as Jesus did with the two disciples on the road,

---

42. *CV*, no. 186.
43. Ibid., no. 71.

listening must be "directed to the individual" and that "the other person must sense that I am listening unconditionally, without being offended or shocked, tired or bored. … Attentive and selfless listening is a sign of our respect for others, whatever their ideas or their choices in life."[44] One must listen in order to understand the other—to walk in their shoes along the journey of life.

St. John Bosco, a nineteenth-century Italian priest and educator, set an example for the Church in this regard. One who follows in this saint's footsteps actively "participates in the life of young people, takes an interest in their problems, tries to realize how they see things, takes part in their sporting and cultural activities, (and) in their conversations."[45] As church leaders, parents, and trusted adults learn more about each youth or young adult in their lives, they begin to learn about and better understand the young person's unique culture, generation, and lived experiences, thus making them a more effective and responsive pastoral minister to and with the young. This also applies to young peer ministers who are challenged to learn about and engage with youth and young adults outside their immediate network of friends or colleagues.

## Healing Brokenness

Young people cannot always hear the voice of the Lord if their basic needs are not being met or when there is a brokenness that eclipses their engagement with a faith community. "Indeed, the situation often demands that the apostolate amongst young people be an animation of a missionary or humanitarian nature, as a necessary first step."[46] The Church, then, is compelled to take a more *pastoral* approach in its ministries with youth, collegians, and young adults.

As part of the listening process, we can be a "field hospital after battle" to "heal the wounds"[47] of the many young people who struggle, in great and in small ways, and address the brokenness in those youth and young adults who are indifferent to the faith or seek greater meaning in their lives. The Church's ministries with youth and young adults need to

---

44. Ibid., no 292.
45. John Paul II, apostolic letter *Iuvenum Patris* (on the centenary of the death of St. John Bosco), 1988, no. 12.
46. Vatican Congregation for the Clergy, *General Directory for Catechesis* (GDC) (LEV, 1997), no. 185.
47. "Interview with Pope Francis," by Fr. Antonio Spadaro, S.J., *La Civiltà Cattolica*, September 21, 2013.

be attentive to the physical, emotional, and spiritual well-being of young people, so that God's grace can break through any hardness of hearts or calcified wounds. Pastoral leaders and families are encouraged to advocate for and assist youth and young adults, especially those at risk and living on the margins of society. This involves a willingness to engage in the pastoral work of healing brokenness, restoring trust, and rejuvenating faith. It calls for an evangelization (and, as needed, a pre-evangelization experience) that engages both the heart and the head of a young person.

Trust must be curated in order for deeper formation or the pursuit of a vocational pathway to take root in a young person's life — and that can take time. We recognize the times we have failed the faithful, in particular through scandals and abuses of power, and pledge to do what is right and just. In this, we can seek to rebuild that trust. Furthermore, good ministry with the young cannot be rushed. At the same time, however, it cannot be delayed. This patient, yet urgent, directive speaks to the development of a more synodal model of ministry with young people,[48] which is a "journeying together" toward co-responsibility and "the participation of all in the life of the Church."[49] The Catholic community, in its "progress in building a people in peace, justice, and fraternity,"[50] recognizes that "time is greater than space … unity is greater than conflict … realities are greater than ideas … (and) the whole is greater than the part."[51] The entire process of listening to and with young people, especially in healing and restoring what was broken, takes time and patience, remains free from judgement and conflict, and is grounded in lived realities.

In a culturally diverse country like the United States, pastoral ministers with the young are to become interculturally and intergenerationally competent as "knowledge, attitudes, and skills in intercultural and interracial relations are indispensable requirements for engaging in the Church's evangelizing mission."[52] In listening to the hurts, realities, questions, frustrations, and the malaise of youth and young adults, we have an opportunity to restore an authentic "culture of encounter"[53] which also

---

48. *CV*, no. 206.
49. Synod of Bishops, *Preparatory Document for the Synod "For a Synodal Church"* (LEV, 2021), no. 11.
50. Pope Francis, *Evangelii Gaudium* (*EG*) (2013), no. 221.
51. Ibid., nos. 222, 228, 233, 235.
52. *Building Intercultural Competence for Ministers: Bilingual* (USCCB Publishing, 2014), xiii.
53. *EG*, no. 220.

includes taking "responsibility for correcting the injustices of racism and healing the harms it has caused… and to express our strong and renewed resolve to work for justice."[54] These healing acts are essential to a Church that truly listens to the young.

## From Listening to Response

When ministry leaders and families truly listen, they often encounter "those who are poor" and they critique social systems that inhibit the fulfillment of the Reign of God,"[55] and can establish truly responsive and dynamic ministries that are multilingual, intercultural, and intergenerational, with "greater hospitality and outreach, collaboration and mutual respect among the movements, bridges to social services in the community," meeting people on the peripheries and attending to the needs of the most vulnerable.[56] With this in mind, listening should always lead to a response that is rooted in what was heard and seen, as well as unique, as every young person is distinct. Such response is done within a "community of communities, a sanctuary where the thirsty come to drink in the midst of their journey, and a center of constant missionary outreach."[57]

Continued effort can be made to equip all faithful Catholics with a responsive spirit, always being mindful of those who may feel excluded, ostracized, or overlooked.[58] To support priests and parish leaders, who are themselves overwhelmed with increasing responsibility and limited resources, the entire Catholic community will need to step in and work to transform their local parishes into "environments of living communion and participation."[59] In doing this they can, together, "make all our institutions better equipped to be more welcoming to young people… (to) offer possibilities for experiencing openness and love, affirmation,

---

54. *Open Wide Our Hearts: The Enduring Call to Love — A Pastoral Letter Against Racism* (USCCB Publishing, 2018), pp. 23–24.

55. *Encountering Christ in Harmony: A Pastoral Response to Our Asian and Pacific Island Brothers and Sisters* (USCCB Publishing, 2018), p. 41.

56. See *Proceedings and Conclusions of the V National Encuentro of Hispanic/Latino Ministry*, English section, p. 43. This sentiment was also echoed within the USCCB *Journeying Together* process and conclusions.

57. *EG*, no. 28.

58. The USCCB Building Intercultural Competence for Ministry (BICM) initiatives and the resource *Building Intercultural Competence for Ministers* (USCCB Publications, 2014) from the Committee on Cultural Diversity in the Church can be helpful in this regard. See https://www.usccb.org/committees/cultural-diversity-church/intercultural-competencies.

59. *EG*, no. 28.

and growth."[60]

This communion finds its high point in the celebration of the Eucharist, "the participation of the People of God in the work of God."[61] In the many transitions that young people face, they should be able to find a "home" wherever Mass is celebrated. "The Sacrament of the Eucharist is called Holy Communion precisely because, by placing us in intimate communion with the sacrifice of Christ, we are placed in intimate communion with him and, through him, with each other."[62] By pointing young people toward the Real Presence of Christ in the Eucharist and inviting them to active participation in a Eucharistic community, we offer young people an encounter with the Lord who is always present, mercifully understanding, and the source of all healing. Therefore, efforts to encourage the participation of youth and young adults in the Eucharistic celebration and in Eucharistic devotions can root young people in their Catholic identity and can give them tools to reach out "beyond their small groups and to build 'social friendship, where everyone works for the common good.'"[63] Through this, young people may also find connection with the global Catholic Church. Experiences like national conferences, volunteer immersion and justice experiences, regional networking, and World Youth Days offer youth, collegians, and young adults a glimpse of the universal community of the faith, a worldwide "home" as it were, while also enhancing the journey of a young person within their own local community, their cultural and ethnic heritage, and their family of origin.

Despite the struggles that the disciples on the road to Emmaus had just endured in witnessing the passion and death of the Lord, the divine stranger who joined them allowed the two travelers to share their stories in their fullness — without interruption or judgement. In so doing, Jesus fostered a sense of belonging and community as they journeyed together. They felt at ease in the Lord's presence. That all began with Jesus' posture of pastoral listening, even if what they were sharing was incomplete. This is the first step for the Church's work with youth and young adults today. Ministries with the young can be best understood as a "response of the

60. *CV*, no. 216.
61. Catechism of the Catholic Church, 1069.
62. *The Mystery of the Eucharist in the Life of the Church* (USCCB Publishing, 2021), no. 25.
63. *CV*, no. 169.

Christian community to the needs of young people, and the sharing of the unique gifts of youth with the larger community."[64] In this, we encourage ministry leaders and families to establish conditions for mutual listening to take place: where older generations can truly listen to the young and where the young can truly listen to God speaking to them in the Word and the wisdom of the Church. This listening also leads to vocation: as we listen, we can help young people identify, discern, and put their gifts in the service of the Church or for their mission in the world. When we are open and moved by what we hear, and when others know that we have understood them and have restored that which had been lost, our hearts and minds are more receptive to the call of the Lord.

---

64. National Conference of Catholic Bishops (NCCB), *A Vision of Youth Ministry*. (USCCB Publishing, 1976), p. 6.

# Part 2: Teaching

*Then beginning with Moses and all the prophets,*
*(Jesus) interpreted to them what referred to*
*him in all the scriptures. (Luke 24:27)*

Having patiently listened to the testimony of the two disciples on the road to Emmaus, Jesus makes an abrupt intervention: "Oh, how foolish you are! How slow of heart to believe all that the prophets spoke!" (Lk 24:25) This was not meant to embarrass or hurt his traveling companions, but to catch their attention as he broke their darkness with the truth of his radiant light. Jesus offers his disciples an opportunity to have a conversion of the heart. He is now going to teach them in a decisive way, to respond and reveal himself in their experiences, and in so doing, give them "a new spirit," transforming their hearts from stone to new life (see Ez 36:26).

Jesus was called "Rabbi" or "Teacher" (Jn 1:38) and shared the Good News through dialogue, parables, and teachings. He interpreted the Scriptures and applied their wisdom to present circumstances. In each successive generation, all who have ministered in the Lord's name have been instructed by Christ to "make disciples of all nations, baptizing them in the name of the Father, and of the Son, and of the holy Spirit, teaching them to observe all that I have commanded you" (Mt 28:19). The Great Commission continues to this day within the Church's ministries with youth and young adults, as pastoral leaders, families, and young people share the light of Christ and bring about a conversion of heart. This begins by responding to their realities.

Here we recall St. Kateri Tekakwitha, a young indigenous woman of the Algonquin and Iroquois nations living in the seventeenth century, persecuted for her faith in Christ and raised up as a model for today's young people by Pope Francis.[65] St. Kateri found the solace of the Lord through her teachers and guides, the Jesuit missionaries of North America. Longing to know more about the Catholic faith, she asked of those who ministered with her: "Who will teach me what is most pleasing to God, that I may do it?"[66] Her teachers and pastors invited her to know Christ, proclaimed the Good News, formed her in the teachings of the Church, baptized her, and fed her with the Bread of Life, to sustain and strengthen her. We are called to do the same.

This speaks to the role of mentors and guides in a young person's life. "Mentors should not lead young people as passive followers, but walk alongside them, allowing them to be active participants in the journey… A mentor should therefore nurture the seeds of faith in young people, without expecting to immediately see the fruits of the work of the Holy Spirit."[67] Too many youth and young adults today lack mentors in their lives, and yet these wisdom figures can do so much to guide a young person along the right path. This experience of accompaniment is something that begins in the family and extends to the teachers, respected adults, church leaders, and professional connections that a young person encounters as he or she matures through life.

## Proclaiming Jesus Christ

What does Jesus teach the disciples on the way to Emmaus? The evange-

---

65. See *CV*, no. 55.
66. Kateri Tekakwitha, qtd. in Walworth, Ellen Hardin, *The Life and Times of Kateri Tekakwitha: The Lily of the Mohawks, 1656–1680* (Peter Paul & Brother, 1893), p. 196.
67. *CV*, no. 246.

list tells us that, "beginning with Moses and the prophets, he interpreted to them what referred to him in all the scriptures" (Lk 24:27). This reminds us that the proclamation of *Christ* must be at the center of any experience of engaging youth and young adults. Jesus is at the core of evangelization.

St. Paul VI shared that "to everyone I proclaim him ... Jesus Christ is our constant preaching; it is his name that we proclaim to the ends of the earth (see Rom 10:18) and throughout all ages (see Rom 9:5). Remember this and ponder on it!"[68] When we preach Jesus Christ and the Gospel in their fullness, it can light a fire of faith in those who hear it proclaimed with love and passion.

Pastoral leaders and families who share the life and teaching of Jesus "are called to love and accept all people in a way that invites each person to a deeper relationship with Christ and a greater alignment of their lives with his teachings."[69] Youth and young adults will be able to encounter Christ through the Church, the sacraments, and the witness of our lives. Making a bold invitation of faith can help dispel the darkness and amplify the joys in a young person's life, allowing Jesus Christ to transform his or her lived experiences and bring about a conversion of the heart.

The teachings of Christ are countercultural and transformative: seeking God's Kingdom first above all, loving enemies, living a moral life, and sacrificing one's own self for the good of others, especially those who are marginalized and forgotten. It may take time to embrace these truths, and young people should be given loving environments where they can ask questions without judgment and wrestle with difficult issues. As young people are accompanied on a pilgrimage of faith, they need to hear a clear proclamation of the message of salvation, the implications of Gospel living (including the effects of sin), the embrace of God's mercy, and the unconditional love that Christ offers those who follow him — all inculturated in their lives in a language and style they can understand, appreciate, and appropriate within their own lives. They need faith-filled parents, pastoral ministers, and peer leaders who can lovingly interpret young people's stories through the lens of faith and foster a conversion of

---

68. Paul VI, Homily of the Holy Father, Mass at Quezon Circle, Manila, Philippines (November 29, 1970), no. 1.
69. *Living as Missionary Disciples* (LMD) (USCCB Publishing, 2017), p. 15.

the heart. In particular, for those in ordained ministry, we cannot stress enough the importance that a homily, by articulating well the relevant meaning of the Word of God, has on engaging young people in the liturgical life of the Church and inviting them into a deeper relationship with Jesus Christ.

"All Christian formation consists of entering more deeply into the *kerygma*."[70] This is not the mere recitation of a formula, but a process by which one, through experience and explanation, can understand the love of God as shown through Jesus Christ. Embracing this love not only draws one closer to God, but also toward others. "The *kerygma* has a clear social content: at the very heart of the Gospel is life in community and engagement with others. The content of the first proclamation has an immediate moral implication centered on charity."[71]

Effective teachers should be familiar with the Bible, both the Old and New Testament, and the Church's teaching concerning the Word of God which includes both Scripture and Tradition, understanding the story of salvation as revealed through the sacred texts. A young person learns of God and his love for us through Scripture, "the speech of God as it is put down in writing," and through Sacred Tradition, which "transmits in its entirety the Word of God."[72] The Gospels have a "special preeminence"[73] among all the Scriptures, since "they are the principal witness of the life and teaching of the Incarnate Word, our Savior."[74] The Gospels should likewise be preeminent in the lives of all missionary disciples. God continues to reveal himself in different ways through the Church and the truths presented in Scripture, sacraments, Tradition, the saints and doctors of the Church, and Catholic social teaching, as well as in symbols, rituals, sacramentals, and devotions.

One cannot separate the doctrine and moral teaching of the Church from the proclamation of Jesus Christ. There is no opposition between what the Church teaches and what God has revealed. The Church is the means by which we can hear Jesus' voice (see Jn 10:27), experience his saving power, have a conversion of heart, and be drawn into the commu-

---

70. *EG*, no. 165.
71. Ibid., no. 177.
72. CCC 81.
73. Second Vatican Council, *Dei Verbum*, no. 18.
74. Ibid.

nity of faith. When a young person has a real encounter with Jesus Christ, like those disciples on the road to Emmaus, their hearts will burn within them, compelling them to want to know the Lord even more.

Another key component of this evangelization is for families and pastoral leaders to share their own witness to the saving power of God in their lives. To tell our story, with its joys and challenges, is to open ourselves up to another companion on the journey, freely admitting our faults and stumbles along the way, in order to show a young person how Christ illuminated the path for us. Authentic storytelling invites the other person to see how God works in the everyday experiences of life and to consider how to discover the Lord in their story. In this process, he or she is able to better interpret, with the support of caring companions, how God is at work. For those who are tepid in their faith lives or indifferent to the Church and her teachings, this renewed understanding of the power of one's story can convert hearts and minds toward further formation and mission.

## An Evangelizing Catechesis

In healthy and loving relationships, one continually grows in knowledge of the other. The same principle applies to a young person's relationship with God and the Church. The ministry of formation flows from the *kerygma* and is an essential part of ministries with youth, collegians, and young adults, as it trains one for a life of discipleship, the aim of which is "intimacy with Christ."[75] The knowledge shared within the catechetical journey is given to help one fall more deeply in love with Jesus and to model one's life after his. Pope Francis notes the key importance of catechesis with youth and young adults rooted in Jesus Christ, reminding us that:

> Any educational project or path of growth for young people must certainly include formation in Christian doctrine and morality. It is likewise important that it have two main goals. One is the development of the *kerygma*, the foundational experience of encounter with God through Christ's death and resurrection.

75. John Paul II, *Catechesi Tradendae*, 1979, no. 5.

The other is growth in fraternal love, community life and service.[76]

Evangelizing catechesis has many expressions. For example, formation
can and should take place in the home as parents, grandparents, and
families share the Catholic faith with their sons and daughters; it may
also occur within religious education or classroom settings, in youth or
young adult ministries, in informal dialogue groups, one-on-one conversations, dynamic presentations, online learning, and post-event pro-
cessing, through visual art, theater, or music, and during the sacramental
preparation for Confirmation, Marriage, or the Baptism of children of
young adults. There are many learning styles and educational methods
that can be used in the proclamation of faith. The *Directory for Catechesis*
articulated the tasks for catechesis, modeling the way Jesus formed his
own disciples: "knowledge of the faith; initiating into the celebration of
the mystery; forming for life in Christ; teaching to pray; and introducing
to community life."[77]

Pastoral leaders accompanying youth and young adults, in concert
with their families, share the faith as outlined in the *Catechism of the
Catholic Church*. This includes a presentation of the life and teachings of
Jesus Christ and all the Scriptures; the celebration of faith through prayer,
liturgy, and the sacraments, rooted in the community of the Church;
our moral and ethical teachings, grounded in the Ten Commandments
and the Beatitudes; Catholic social teaching; and the call of the Lord to
each person to take up their vocation and mission in the world. Forming
young people in the art of discernment[78] is also critical, as this process
can make their vocational journey, conscience development, and making
good decisions in life more fruitful and Gospel-oriented.

Comprehensive faith formation should also involve a variety of people as a young person matures into adulthood. Parents are the primary
catechists, and their ministry is complemented and supported by other
family members, in particular grandparents and the elderly, other trusted
adults in the community, pastors and pastoral ministers, teachers, and

---

76. *CV*, no. 213.
77. No. 79.
78. See *Christus Vivit*, chapter 9 (paragraphs 278–298), for Pope Francis' insights on the art of discernment.

mentors. This extensive list highlights that ministries with youth and young adults are enriched when they are extensively intergenerational and intercultural. Families need support in the formation of young people, and the witness and generosity of others in the community can aid the long-term growth of youth and young adults. Servant of God Sr. Thea Bowman, FSPA, reminded us of this, saying, "It takes a whole Church to raise a child"[79] and "the Church is a family of families and the family got to stay together and … if we walk and talk and work and play and stand together in Jesus' name — we'll be who we say we are — truly Catholic."[80] Families evangelize families, and this missionary mutuality is an effective means of the faith formation of young people within those families.

## Sharing the Truth in Love

Since adolescence begins with puberty and since young adulthood is often marked by dating, marriage, and parenthood, it is essential that young people be given a clear proclamation of the Church's teaching on human sexuality to help them navigate significant life transitions. We must share the truth in love, with warmth and genuine concern. Additionally, helping young people appreciate the importance of reason and discernment in the face of emotions during these formative years can be incredibly beneficial. Indeed, a basic understanding of Church teaching on human sexuality, such as was explained by St. John Paul II in his writings on the "Theology of the Body," is essential for youth, collegians, and young adults, so that they can "accept and acknowledge their sexual identity"[81] and can approach the choices they make, not as a "no to sex," but a "yes" to the beauty and gift that God has for them. This includes sharing the distinction between lust and love, and the personal witness to overcome disordered sexual desires that is achieved in chastity. Evangelizing catechesis in the deeply personal area of sexuality includes being a witness to virtuous choices and sharing the witness of the Word of God in Scripture and Tradition to the right use of sexuality according to one's state in life. These lovingly reveal the reasons why sexual activity is inseparable from marriage and the openness to children, why the truth and beauty

79. Adapting it from the Ghanian proverb "It takes a village to raise a child." Quoted in *Renewing the Vision*, p. 59.
80. Sr. Thea Bowman address to the U.S. bishops' conference, June 1989, p. 5.
81. CCC 2333.

of fertility are to be appreciated, why contraception harms God's design for married love, and why pornography is evil. Moreover, they provide the foundation for the Church's acceptance of Natural Family Planning methods.[82] It has been encouraging to see innovative and inspirational resources from ministries dedicated to helping youth and young adults live out the virtue of chastity.

The teachings of the Church regarding human sexuality are clear: each person is loved and valued, yet same-sex activity and any sexual acts outside marriage are rejected as they are sinful. We seek to lovingly accompany and form those who experience same-sex attraction or are sexually active beyond marriage in a way that is both relevant to their desires and faithful to the teachings of the faith. Many young people who struggle in these ways do not believe the Church is the place for them; and sometimes those in faith communities might react with judgment and may not be equipped to offer loving support. As a result, the Church loses out on the presence of many young people — not just those with same-sex attraction, gender discordance, or who are sexually active, but others who are sympathetic to their sufferings and yet are unable to offer a witness to carry other young people beyond these sufferings.[83] The Church, then, must welcome and offer a place for listening, healing, and communicating the truth of the Gospel to all young people. We have a God who is willing to run after us, even when we are going in a wrong direction, like the two disciples who were initially headed to Emmaus.

Related to this, we recognize that many of the Church's social teachings on topics such as abortion, bioethics, the death penalty, euthanasia, immigration, war, crime, ecology, family life, and access to health care can be challenging to the political perspectives of young people. Pastoral leaders and families must exhibit courage to speak these truths with love and patience, as well as sharing with youth and young adults the responsibility of defending the life and dignity of all persons in society.

We also look to the young, especially faithful young disciples who have personally experienced various struggles related to these moral, social, and ethical issues, to help Catholic communities more lovingly

---

82. See *Called to the Joy of Love* (USCCB Publishing, 2021), pp. 19, 20.
83. For more, see *Ministry to Persons with Homosexual Inclination* (USCCB Publishing, 2006).

reflect and communicate what God has revealed about the dignity of the human person, sexual desire, right relationship with others, social justice, and the universal call to holiness for all.[84] Family members and friends who accompany young people can respond to challenging topics such as these with truth, humility, clarity, and charity.[85] One cannot have a fruitful conversation about these issues and speak the truth with love without relying on the guidance of the Holy Spirit and, as much as possible, centering the conversation on Jesus Christ, who came so that his disciples would "know the truth, and the truth will set you free" (Jn 8:32). This important and patient process leads to proper conscience formation, to the development of a conscience that is "nourished in prayer, enlightened by study, structured by the Gospel, and guided by the teachings of the Church."[86] When properly done, the ministry of catechesis and conscience formation can present young people with a systematic presentation of the faith so they might truly understand what it means to be a missionary disciple of Christ: to turn away from sin and be faithful to the Gospel of Jesus and the traditions of the Church.

There is a great virtue in helping young people claim and appropriate the values of their faith and tap into the timeless witness and wisdom of the saints, "so that they are better prepared to witness to the kingdom of truth in the world."[87] Youth and young adults can then see for themselves that faith and reason are never opposed, but rather "are like two wings on which the human spirit rises to the contemplation of truth." [88] Similarly, good formation with young people can dispel the false claim that science and faith are opposed to one another or that science disproves God or the doctrines or dogmas of the Catholic Church. When truths revealed by God are not in accord with the common assumptions in the cultures in which young people live or the presuppositions that they might carry, those truths need to be explained "with gentleness and reverence" (1 Pt 3:16), without watering down the faith or avoiding the issues altogether. Parents and pastoral leaders are called to be versed in how best to respond to these challenges, with the support of their local

84. See CCC 2359.
85. See *Called to the Joy of Love*, pp. 36-37.
86. *Empowered by the Spirit: Campus Ministry Faces Its Future* (USCCB, 1985), no. 63.
87. Ibid., no. 53.
88. John Paul II, encyclical *Fides et Ratio* (1998), preface.

bishops and pastors.

All those who catechize are ultimately called to be *witnesses* of the Catholic faith, teachers, and accompaniers,[89] guided by the Holy Spirit "the true protagonist of all authentic catechesis."[90] By the virtues and faithful actions of a parent or pastoral ministry leader, a young person will be able to see how the Catholic faith is to be lived, even in the face of uncertainties and challenges.

## Renewing Sacramental Life

It was "in the breaking of the bread" (Lk 24:35) that the two disciples headed to Emmaus finally recognized Jesus. The critical significance of the Eucharistic revelation within the telling of this story reminds us that sacramental encounters are key moments in formation and accompaniment.

Ministries with youth and young adults provide opportunities to invite young people into liturgical and sacramental celebrations which help them understand and receive the true presence of Christ in their lives. Pastoral leaders and families can pass onto young people how Baptism, Confirmation, and Eucharist — their Sacraments of Initiation into the family of the Church — "lay the foundations of every Christian life."[91] The prominence of the sacramental life within these ministries reveals how Jesus continues the work of "healing and salvation"[92] in the Sacraments of Reconciliation and Anointing of the Sick. The graces of Holy Orders and Matrimony, often entered into within young adulthood, "are directed towards the salvation of others."[93] The great breadth of the sacramental life and a grounding in Scripture, then, are keys to any effective pastoral work with younger generations, as they have the transformative power to heal so much of what young people are facing today. In this, we call to mind Blessed Carlos Manuel Rodríguez Santiago ("Blessed Charlie"), a lay catechist from Puerto Rico whose passion for the young and whose love of the sacramental life and Scriptures helped form young people into active appreciation and connection of the liturgy and the

---

89. See Dirctory for Catechesis (DFC), no. 113
90. Ibid., no. 112
91. CCC 1212.
92. Ibid., 1421.
93. Ibid., 1534.

sacraments to their everyday lives.

Above and beyond anything we do in this world to listen and teach is the grace of God, wonderfully offered in the Eucharist, freely given for our salvation and transformation. It is our work to introduce young people to this gift, to facilitate this sacred encounter in any way we can, so that Christ can encounter us. This is the ultimate teachable moment.

Youth and young adults are called to a personal relationship with God, but not an individualistic one. The Eucharistic community reminds us of this. Young people are invited to be a part of a family of faith and to strengthen it through their participation in the life of the Church. The saving work of Jesus, accomplished through his suffering, Death, Resurrection, and Ascension, continues preeminently in the sacraments. "The Church's liturgy, by its very nature as a proclamation and enactment of the Good News of salvation, is an evangelical act."[94] Through the witness and invitation of other disciples, young people can enter into a full, active, and conscious participation in the Mass. The sacramental life gives a rich foundation to what comes next.

St. Paul VI wrote that, "The role of evangelization is precisely to educate people in the faith in such a way as to lead each individual Christian to live the sacraments as true sacraments of faith — and not to receive them passively or reluctantly."[95] This is especially important considering the many transitions that occur within youth and young adulthood. Wherever they are, Jesus Christ is always present for them in the Sacraments, most especially the Eucharist, "the sum and summary of our faith"[96] In these sacramental experiences, youth and young adults can have a renewed sense of belonging, knowing that Christ and the Church are always present for them, "until the end of the age" (Mt 28:20). There is no escaping this love. That is what the two disciples on the road to Emmaus saw in the breaking of the bread, the act that always points to the Cross, the sacrificial death of the Lord, the divine love unto death. This is what we hope that young people can come to understand about the Lord in the sacramental life of the Church.

---

94. *Living as Missionary Disciples*, p. 16.
95. Pope Paul VI, apostolic exhortation *Evangelii Nuntiandi* (*EN*) (1975), no. 47.
96. CCC 1327.

## From Teaching to Mission

By proclaiming the kerygma, passing on an evangelizing catechesis, sharing the truth in love, and helping people encounter Jesus in the Eucharist, ministries with youth, collegians, and young adults can foster growth in a relationship with the Trinity, "who sent the spirit of his Son into our hearts, crying out, 'Abba, Father!' So you are no longer a slave but a child, and if a child, then also an heir, through God" (Gal 4:6–7). As we equip young people with the truth of Christ's radiant light and patiently accompany and mentor them through the guidance of the Holy Spirit, they can grow into the mission to which God has called them. We teach young people so that they will have the tools necessary to embark on their mission and vocation, through this missionary work, in whatever form it takes. In addition to the Gospels, the Rosary offers yet another opportunity to personally accompany a young person on his or her spiritual journey. As St. John Paul II told us, "With the Rosary, the Christian people *sits at the school of Mary* and is led to contemplate the beauty on the face of Christ and to experience the depths of his love."[97] In summary, then, the principal act of faithful pastoral leaders and families who accompany youth or young adults is "to be witnesses of the Gospel wherever they find themselves, by the way they live."[98]

In fact, the Gospel contains the greatest story of all time, the love of God for humanity made possible through the "yes" of a young person (Mary), through whom Jesus, "the Word became flesh" (Jn 1:14), came into the world. Young people need to *see* this message alive in the actions of pastoral ministers who live as strong faithful witnesses of the Gospel and *hear* this message explicitly and boldly declared. "The Good News proclaimed by the witness of life sooner or later has to be proclaimed by the word of life. There is no true evangelization if the name, the teaching, the life, the promises, the kingdom and the mystery of Jesus of Nazareth, the Son of God are not proclaimed."[99] In this, we remember Blessed Carlo Acutis, an Italian teenager who, in the twenty-first century, shared the Good News of Christ's presence in the Eucharist through the means of digital communications. His knowledge and understanding of the faith,

---

97. John Paul II, apostolic etter *Rosarium Virginis Mariae* (2002), no. 1.
98. *CV*, no. 175.
99. *EN*, no 22.

even at a young age, gave him the confidence and motivation to step into his mission.

The Catholic community is one that goes forth, bringing the light of Christ to the world. Those called to pastoral ministry with young people operate through the Church and boldly invite those they serve to embrace the Church, "to live the faith together" and "show our love by living in community."[100] In the passing on of faith to the young through the accompaniment of their families, friends, and pastoral leaders, we move with young people toward the mission of the Church, so that we can, in turn, bring Christ's light wherever we go from here.

---

100. CV, no. 164.

# Part 3: Sending

*They set out at once and returned to Jerusalem. (Luke 24:33)*

Through the breaking of the bread, Jesus enflames the hearts of the two disciples on the road to Emmaus. They exclaim with joy as he disappears from their presence, "Were not our hearts burning within us while he spoke to us on the way and opened the scriptures to us?" (Lk 24:32).

Immediately, they set out on a mission to share the Good News of the risen Christ to any who would listen (see Lk 24:33–35). In this, Christ has disappeared into the mission of the Church.[101] Through this miracle, we discover that it is God who makes our missionary work fruitful.

In much the same way, one of the goals of the Church's accompaniment of youth and young adults is to guide them toward their mission to transform the world toward the Kingdom of God. St. John Paul II told the young people gathered in Denver, Colorado, for World Youth Day, "Do not be afraid to go out to the streets and into public places. ... This

---

101. See Hans Urs von Balthasar, *The Office of Peter and the Structure of the Church* (Ignatius Press, 1986), p. 168, and *Theo-Drama: Theological-Dramatic Theory*, vol. III (Ignatius Press, 1978), p. 350.

is no time to be ashamed of the Gospel… It is the time to preach it from the rooftops… It is you who must 'go out into the byroads' (Mt 22:9) and invite everyone you meet to the banquet which God has prepared."[102] Pope Francis similarly encouraged the youth and young adults at World Youth Day in Krakow, Poland, saying: "The times we live in do not call for young 'couch potatoes'…. Today's world demands that you be a protagonist of history because life is always beautiful when we choose to live it fully, when we choose to leave a mark."[103] This is the mission that Jesus offers our young people.

Like the disciples on the road to Emmaus, the time for that mission is immediate. St. Luke tells us that "they set out at once" (Lk 24:33) for their newfound mission, despite the lateness of the hour and the dark and dangerous conditions they may face (see Lk 24:29). Christ sends young people today with a similar sense of immediacy. "The haste of the young woman of Nazareth is the haste of those who have received extraordinary gifts from the Lord and feel compelled to share them, to let the immense grace that they have experienced be poured out upon others."[104] Thus, the result of our ministries should point young people toward their mission, motivating them to go where Christ is calling them. The Church, having listened and taught them, now encourages them to choose to follow the path God has offered them for their lives.

## Bold Evangelizing Witnesses

Upon recognizing and understanding the Lord in their midst, the first mission of the two disciples in the Emmaus story was to share the Good News that "Christ is alive,"[105] a message that continues to resonate through the ages. This evangelizing witness is the starting point for all Christian mission. Just as it is critical to proclaim Christ to the young, it is equally as important to equip youth and young adults to proclaim Christ to the world. "If we can hear what the Spirit is saying to us, we have

---

102. John Paul II, Homily for the Eucharistic Celebration for VIII World Youth Day, Cherry Creek State Park, Denver (LEV, 1993), no. 6.
103. Francis, Address for the Prayer Vigil with the Young People for XXXI World Youth Day, Campus Misericordiae, Kraków (LEV, 2016).
104. Francis, Message of His Holiness Pope Francis for the XXXVII World Youth Day LEV: 2022).
105. *CV*, no. 1.

to realize that youth [and young adult] ministry is always missionary."[106] Before he ascended to the Father, Jesus told his apostles to "Go, therefore, and make disciples of all nations" (Mt 28:19) and this Great Commission extends down through the ages for "the pilgrim Church is missionary by her very nature."[107] When a young person has come to recognize Christ in their midst, through the efforts of pastoral leaders and families who accompany them, it follows that he or she will want to share that joyful encounter with others, especially other youth and young adults.

The Church has long recognized that the young are excellent evangelists and witnesses of the Gospel among their peers, many of whom need the Good News in their lives. The Second Vatican Council noted that youth and young adults "should become the first to carry on the apostolate directly to other young persons, concentrating their apostolic efforts within their own circle, according to the needs of the social environment in which they live."[108] Christ longs to encounter all youth and young adults, including those who are less active in the practice of faith. Young people can let the Lord work through them as they listen with love to their peers, share the Gospel in ways that make sense to their generation, and soften hearts to hear God's call.

When Jesus called forth the Twelve Apostles, he sent them out two-by-two to potentially face difficulties, danger, or even death (see Mt 10:1-15). In a similar way, the Church's ministries with young people can empower youth and young adults to be sent out on this evangelizing mission into the unknown, not holding them back thinking they require advanced age or experience or shielding them from discomfort or rejection. In this, we recall the example of Blessed Isidore Bakanja, a lay young adult from Congo who, having been evangelized by Cistercian missionaries, "was tortured at length for having proposed Christianity to other young people."[109] In 1909, at age twenty-two, he was martyred for his bold evangelizing witness to Jesus Christ.

Families and ministries with young people today must encourage each youth and young adult to take on this enthusiastic spirit, "even those

---

106. *CV*, no. 240; the addition of the words "and young adult" are added for context in the United States.
107. Second Vatican Council, *Ad Gentes*, no. 2.
108. Second Vatican Council, *Apostolicam Actuositatem*, no. 12.
109. *CV*, no. 59.

who are most frail, limited, and troubled" and embrace a missionary approach for all the interactions of their lives, "for goodness can always be shared, even if it exists alongside many limitations." [110] The Church flourishes when young people choose to share Christ with their peers and those who are younger—and even evangelize their parents and older generations. Pope Francis noted that "anyone who has truly experienced God's saving love does not need much time or lengthy training to go out and proclaim that love."[111]

## With Charity and Justice

The proclamation of the *kerygma* also means sharing in the Lord's command to offer food and clothing to those in need, to care for and be present to those who suffer or are imprisoned, and to welcome the stranger, for as Jesus said, "whatever you did for these least brothers of mine, you did for me" (Mt 25:40). Pope Francis reminds us that "social engagement and direct contact with the poor remain fundamental ways of finding or deepening one's faith and the discernment of one's vocation."[112] The works of charity and justice naturally flow from evangelization.

It is important to encourage youth and young adults whose hearts are on fire for Christ to draw near to those on the margins of society, the very company Jesus kept. This means helping young people become invested in communities overwhelmed with poverty, violence, and ecological degradation; with mothers, fathers, and families through the path of pregnancy; with those at the border and in migrant and refugee travels; within cultural families affected by prejudice, racism, and a disparity of resources; and with those lacking support systems, including persons with disabilities and those impacted by mental health concerns. We cannot foster fear or indifference to the tragedies felt by so many people, but rather must encourage joy and active involvement.

In this, we reflect on the ministry of Venerable Augustus Tolton, the first priest of acknowledged African descent in the United States, who, as a young adult in his early 30s, took up his mission to serve marginalized communities against great adversity and racism. "Tolton reminds us of

110. Ibid., no. 239.
111. *EG*, no. 120.
112. *CV*, no. 170.

the courage we have within our hearts to continue to work for racial and ethnic solidarity while eradicating all forms of hesitancy and intolerances."[113] The example of Father Tolton is a testament to the ways in which young people today can use their gifts that are "directed above all to charity within the family and to social and political charity. It is a concrete and faith-based commitment to the building of a new society. It involves living amid society and the world in order to bring the Gospel everywhere, to work for the growth of peace, harmony, justice, human rights, and mercy, and thus for the extension of God's kingdom in this world."[114]

Equipping young people for justice and engaging in charitable works[115] are key components to the Church's ministries with youth and young adults, contributing to the missionary impulse of communities of faith. "Teachers, who have the challenging task of training children and youth [and young adults] … should be conscious that their responsibility extends also to the moral, spiritual, and social aspects of life. The values of freedom, mutual respect, and solidarity can be handed on from a tender age."[116] As youth and young adults come to widen their perspectives and choose to set out into the world, Christ sends them forth to transform society toward his image. As pastoral leaders, parents, and families, our work is to give young people the tools[117] they will need to respond to this radical invitation from the Lord through works of charity and social justice.

## Vocational Discernment

Just as the disciples coming back from Emmaus followed their own path back to Jerusalem, youth and young adults today have before them a road that leads to their salvation. The Church's work is to support each young person as he or she discerns a vocational pathway. Vocation, in a broad

---

113. Bishop Joseph N. Perry, "About Fr. Augustus Tolton," Archdiocese of Chicago: Augustus Tolton Canonization Cause, https://tolton.archchicago.org/about/biography.

114. *CV*, no. 168.

115. The USCCB encourages "two feet of love and action" with the promotion of both charitable works (addressing immediate needs and providing emergency assistance) and social justice (addressing systemic, root causes that affect many people). More information can be found online at https://www.usccb.org/beliefs-and-teachings/what -we-believe/catholic-social-teaching/two-feet-of-love-in-action.

116. Francis, encyclical *Fratelli Tutti* (2020), no. 114.

117. These "tools" are best when developed locally by pastoral leaders, supported by the ministerial resources of national organizations, movements, and other communities engaged in the work of peace and justice.

sense, is a "call to missionary service to others. The Lord calls us to share in (the Lord's) work of creation and to contribute to the common good by using the gifts we have received."[118] In this, we look to the example of St. Thérèse of Lisieux in the nineteenth century, whose path led her to consecrated religious life with the Carmelite community. In reflecting on her life, she said, "O Jesus, my Love, at last I have found my vocation. My vocation is love!"[119]

This is what every young person has before them: an opportunity to be "love" to the world. Ministries with youth, collegians, and young adults can help young people hear the voice of God, to discern their vocation, "something more than merely a pragmatic decision. In the end, it is a recognition of why I was made, why I am here on earth, and what the Lord's plan is for my life."[120] This discernment is carried out with the loving accompaniment and mentorship of pastoral ministers in the Church who, following the prompting of the Holy Spirit in their own lives, share with young people a peace and joy that the world cannot give (see Jn 14:27).

The first vocation to which all are invited, and that pastoral leaders and families can emphasize with young people, is the universal call to holiness. It starts with developing a holy friendship with Jesus, "the basis of all else,"[121] inspiring true friendship with others. Holiness is not just about *doing* but also about *being*: being a child of the Father, being a friend of Jesus, and being a temple of the Holy Spirit. Seeing all others as brothers and sisters in Christ creates a new perspective — "it is an invitation to bring a heightened sense of the presence of Jesus Christ into the regular rhythms of life."[122] By cultivating a life of prayer, one can hear, discern, and answer the voice of God. Fostering an active and contemplative relationship with God is essential for ministries with young people, with the loving support of family, culture, and community.

Prayerful openness can yield a deep discernment, providing an opportunity for a young person to be transformed by Christ and to recognize God's work in their lives, their personal history, and the world around

118. CV, no. 253.
119. Thérèse of Lisieux, *Story of a Soul: The Autobiography of St. Thérèse of Lisieux* (ICS Publications), chapter 11.
120. CV, no. 256.
121. Ibid., no. 250.
122. *Sons and Daughters of the Light: A Pastoral Plan for Ministry with Young Adults* (USCCB, 1996), p. 18.

them.[123] Through the power of the Spirit, one turns from sin and grows in virtue, joining the Church, the family of God on earth, in her mission of "building of an authentic civilization of truth and love."[124] We look at vocation in this broader sense, rooted in Baptism and lived out in marriage, single life, the workplace, priesthood, and other forms of consecration.[125] It is vital to believe that God wants our happiness! What will make young people find joy and happiness is being able to discern their mission and then doing it. It will be different for each person, who is meant to carry Christ's love into the world in his or her own distinctive way. Once that is prayerfully discerned, our work in ministry is to facilitate the journey guided by the Holy Spirit, always inviting them to always go deeper.

Being young is also a time of self-discovery and exploration. The community of faith and its ministries, as well as the families of young people, can be active in affirming the gifts that God has given to a young person and in providing opportunities for those gifts to be exercised in his or her vocation. Being young is "the privileged season for life choices and for responding to God's call," and therefore all ministries with the young should have a "vocational slant."[126] In every era of history, young people have grappled with similar questions: Why am I here? What am I meant to do? Who am I called to be? Where am I being called to go? How can I use my gifts? How can I make the world a better place? These foundational questions can fuel the process of vocational discernment. Ministries with youth, collegians, and young adults share the "art of discernment" in helping them respond to God's call. "Good discernment is a path of freedom that brings to full fruit what is unique in each person, something so personal that only God knows it."[127] Effective ministry guides youth and young adults to choose how they will transform the world through the gift of their lives. We must regularly nurture and grow a culture of vocation and discernment within all settings and activities in which young people participate: in their homes, in their parishes, in their educational institutions, in their professional lives, and among their peers.

Young people should be presented with positive experiences so they

---

123. See *CV*, no. 282.
124. John Paul II, encyclical *Evangelium Vitae* (1995), no. 6.
125. See *CV* no. 259–276.
126. Final Document, XV Ordinary Synod, no. 140.
127. *CV*, no. 295.

may learn from those who joyfully live out their vocational calling: faithful married couples, devoted priests and consecrated women and men, and active Catholics of all generations infusing their work and life's pursuits with the light of the Gospel. Pastoral leaders, vocation ministers, and families can invite young people to consider all the ways in which God may be calling them in life: as a priest or consecrated religious woman or man, as a deacon or a lay ecclesial minister, as a married person, or as a single person invested in their baptismal call to holiness. Through this process, we can guide a young person with "courage, warmth, and tact" to "discern the salutary promptings of the good Spirit."[128]

## Faithful Protagonists Today

Even as Christ calls many people to their future vocation within their youth and young adulthood, the notion that they are just the Church of *tomorrow* can ignore the fact that youth and young adults are impacting the Church and the world *today*. One of the tasks of ministries with the younger generations is to encourage youth and young adults to be a "living part of the Church, protagonists of her mission"[129] and co-responsible leaders active in their faith at this very moment.

The Church looks to raise up dedicated young people who choose to bring hope to a weary world and bear the love of the Lord in situations fraught with anxiety, hatred, and polarization — often in ways unique to their generation and culture. While we recognize "protagonism" is a unique word to our U.S. ears, it is one that Pope Francis uses on many occasions to describe young leaders, in particular when he notices "young people throughout the world who have taken to the streets to express the desire for a more just and fraternal society" and encourages them to "be protagonists of this transformation."[130] The Church desires that young people not wait until they are older to step up into leadership positions or to delay impacting the world inspired by their Catholic faith. The bishops of the United States pray that youth and young adults, with their hearts set on fire and guided by the Holy Spirit, begin to step into the mission to transfigure the world right now.

---

128. Ibid, no. 293.
129. Francis, Angelus, November 21, 2021.
130. CV, no. 174.

It is through the Eucharistic celebration that God sends people on mission every day. It is called "Holy Mass (*Missa*), because the liturgy in which the mystery of salvation is accomplished concludes with the sending forth (*missio*) of the faithful, so that they may fulfill God's will in their daily lives."[131] Encouraging young people to attend Mass on Sundays and holy days of obligation, and even daily Mass, can generate a vocational and missionary impulse in their hearts when youth and young adults take seriously the directive to "go in peace, glorifying the Lord by your life."[132] This connection to the Eucharistic community also highlights an important component of mission: to continually return to our origins and to remember our roots — home, family, parish, culture, and community.

We call to mind Blessed Pier Giorgio Frassati, a young person from twentieth-century Italy who stepped forward in his youth and young adulthood to engage in works of justice, charity, and solidarity with the poor, immerse himself in daily prayers and liturgy, boldly share his Catholic faith with his peers, and constantly discern his vocation and mission, while also staying rooted in his family and local community. His love of Christ, his commitment to the Church, and his devotion to the Eucharist gave him the strength and vigor to allow the indwelling of the Holy Spirit to permeate his young life and inform his actions as he impacted the realities of all those he encountered with the love of the Lord. His example of taking action in the present moment can be a great inspiration for youth and young adults setting out on their own missionary paths today.

Special mention should also be made of World Youth Days, which have rekindled the Christian faith among countless youth, collegians, and young adults through the years, moving them toward leadership in the Church upon returning home. These global gatherings have inspired successive generations of pilgrims to discern their vocations — to the Sacraments of Marriage and Holy Orders, to consecrated life and lay ecclesial ministries; and in the living out of their baptismal call to holiness — and bring the Gospel home with them. The pastoral leaders and communities who continue to accompany the young to these and similar experiences are blessings to the Church, as they support youth and young adult pil-

---

131. CCC 1332.
132. One of the common dismissals said at the conclusion of Holy Mass.

grims in the living out of their Catholic faith.

We are also greatly encouraged by the youth and young adults across the United States who are already stepping forward as faithful "protagonists." We are grateful for peer ministry leaders and those who actively engage in their parishes, universities, and dioceses/eparchies; those who name, confront, and work to dismantle systems of racism and prejudice; those who resist and rise above the various ideologies in our society that are polarizing communities; those who walk with moms in need and those in poverty; those who advocate for immigration reform, religious freedom, and the end to the evil of abortion; those who are stewards of creation, advocating for ecological protection; those supporting men and women experiencing anxiety, depression, and mental health issues, as well as persons with disabilities; and those who, inspired by silence, contemplation, and devotion within the Church, engage in the corporal and spiritual works of mercy.[133]

Even within the ordinary life of a young person — at work, in school, within the home or local community, or at times of rest and recreation — this activity manifests itself through the quiet witness of kindness, sensitivity, compassion, and being an ethically and morally responsible individual. All young people of faith are called to step forward, for the Holy Spirit has graced each of them with gifts "to promote the building of the kingdom of God in the world today, thereby bringing about the transformation of society."[134] From the young Catholic scout to the teenager with disabilities and from the collegian attracted to the transcendence of the liturgy to the young adult actively engaged in works of justice, this mission is possible for everyone.

Just as the disciples on the road to Emmaus with Jesus had their hearts converted by the Lord, they immediately moved toward their mission—as God sent them out to move the hearts of all whom they would encounter next. We are called to do the same for and with young people, to send them forth as they move further along the path God has laid out for them in their lives.

---

133. These examples are taken from several synodal listening sessions (noted earlier) as well as from the insights found in the compilation resource, *Moving Boldly into the Future* (USCCB Publishing, 2022).
134. *Sons and Daughters of the Light*, p. 37.

# Conclusion

*With that, their eyes were opened. (Luke 24:31)*

Many people of faith have been called to accompany youth and young adults, to listen, teach, and send them forth, guided by the Holy Spirit. We thank God for their willingness to step forward as "wise and generous guides"[135] to young people, so that the next generations may come to know the sacred presence of Jesus in their lives and recognize that "Christ is alive!"[136]

This journey is a reminder that many of us were also accompanied by our parents, families, pastors, teachers, mentors, and friends in youth and young adulthood, indeed the whole community of faith, both visible and invisible. In our own unique ways, we once experienced a sense of welcome, belonging, and integration into a loving community, where faith was shared, taught, and rooted into our lives. From there, we were sent forth into the world as missionary disciples.[137] Having walked our own road before with Jesus (see Lk 24:15), we can humbly *listen* with love

---

135. Francis, "Prayer for Young People," *L'Osservatore Romano,* weekly edition in English, no.15, April 14, 2017.
136. *CV,* no. 1.
137. This methodology follows the flow laid out in *Living as Missionary Disciples,* p. 9.

to the stories and experiences of younger generations, so that they might recognize Christ in their midst. We can *teach* and share the love of Jesus and the wisdom of the Gospel, guiding them to interpret it all in light of their lived experiences. And as their hearts burn within them (see Lk 24:32), we can help them hear the voice of God who *sends* them toward their vocation and mission, which we pray they will choose to follow as we once did.

We are joined in spirit by holy women and men from the United States who, over the centuries, also devoted their lives to helping youth and young adults encounter God and know his love for them, in cooperation with the Holy Spirit. These dedicated servants of God, saints and wisdom figures in our homes, churches, and communities, had the "farsightedness to appreciate the little flame that continues to burn" and "the ability to discern pathways (and) recognize potential."[138] We now inherit the legacy they received from the generations of Christians before them.

We also remember that, while age and experience can be important to transmit faith and guide a young person, the Holy Spirit speaks through the wisdom of youth and young adults themselves. This cannot be overlooked. Recognizing that what young people "say can provide some light to help [the Church] better understand the Gospel."[139] For older generations, this requires a humility to recognize that, when we "journey together… we can learn from one another, warm hearts, inspire minds with the light of the Gospel, and lend new strength to our hands."[140] It is a reminder that youth and young adults are truly "the *now* of God."[141]

Yet even still, there remains a great need in the Church's ministries with youth and young adults for more women and men within faith communities to step up and be willing to "put out into the deep" (Lk 5:4) for the sake of the young.[142] To move in this direction, we pray for a greater investment in these particular pastoral ministries (with youth, with collegians, and with young adults) within the Catholic Church. We hope that dedicated pastoral ministers, parents and grandparents and families,

---

138. *CV*, no. 67.
139. See ibid., no 41.
140. Ibid., no. 199.
141. Ibid., no. 178.
142. See John Paul II, apostolic letter *Novo Millennio Inuente* (2000), nos. 1–2, 15.

teachers and catechists, and the young people themselves will respond to Christ's invitation to be "gifted and generous co-workers in the vineyard of the Lord,"[143] co-responsible with the Church's bishops and pastors in the shepherding of souls and passing on faith to each generation.

The communal dimension of the Catholic faith shows us that those who accompany youth and young adults are most effective when they work in collaboration with the entire community. In particular, we look to other ministerial efforts, especially those in family ministries, to work together for the accompaniment and formation of young people. All ministries with youth and young adults are part of our universal family of faith. It is important, then, to pay attention to the synodal concept of *pastoral de conjunto* (or "communion in mission"), cherished for decades among Hispanic Catholics and now a gift to the rest of the Church: "the harmonious coordination of all elements of pastoral ministry, the actions of all the pastoral ministers ... not only a methodology, but also the expression of the essence and mission of the Church, to be and to create communion."[144] The Church in this way works together across an interconnected network of ministerial fields for the good of the mission entrusted to us by Christ. As such, the Church moves forward in these ministries as a "community on a journey."[145]

In anticipation of the next steps of this journey, one might wonder: where are we going? Pope Francis envisioned a future that will "nourish our enthusiasm, cause dreams to emerge, awaken prophecies and enable hope to blossom."[146] The Church welcomes a revitalization of enthusiasm for the Catholic faith, a realization of dreams which are present across all generations and cultures, the prophetic voice of young people calling upon society and the Church to grow closer to the Gospel, and the hope that can blossom when the community of faith is engaged as one Church journeying together. In writing this framework, we look to local faith communities to apply these broad directives (*listen-teach-send*) to their specific situation through careful reflection, discernment, and active planning. This simple triptych can be unpacked in ways that

143. *Co-Workers in the Vineyard of the Lord* (USCCB Publishing, 2005), p. 67.
144. *Proceedings and Conclusions of the V National Encuentro*, English section, p. 227.
145. *CV*, no. 29.
146. Ibid., no. 199.

respond to the specific realities being experienced by youth and young adults in every community across the country.

Pope Francis concluded *Christus Vivit* by encouraging youth and young adults to "keep running the race ... outstripping all those who are slow or fearful,"[147] yet also reminding them to be patient with the Church and with one another. Yes, the journey continues, but it is sometimes slower than we initially planned. In a similar way, the bishops of the United States conclude this document with an encouragement for all her faithful — young and old together — to persevere and to be patient in this important work of intentionally accompanying youth and young adults.

We recognize that ministry will not always be easy, nor will things change overnight. However, it is fulfilling, and through it, we can live an abundant life, promised by Jesus Christ (see Jn 10:10). With the Lord by our side, through the guidance of the Holy Spirit, and with the intercession of our Blessed Mother Mary who always looks after the Church, we look forward to this sacred journey of pastoral accompaniment and the heavenly destination that lies ahead of each of us.

---

147. Ibid., no. 299.

# Escucha Enseña Envía

Un Marco Pastoral Nacional
para el Ministerio con Jóvenes

Conferencia de Obispos Católicos
de los Estados Unidos (USCCB)

**2024**

*Escucha, Enseña, Envía: Un Marco Pastoral Nacional para el Ministerio con Jóvenes* fue desarrollado por el Comité de Laicos, Matrimonio, Vida Familiar y Juventud de la Conferencia de Obispos Católicos de los Estados Unidos (USCCB). Fue aprobado para su publicación por la USCCB en su Asamblea Plenaria de junio de 2024. Ha sido autorizado para su publicación por el firmante.

Rev. Michael J.K. Fuller
Secretario General, USCCB

El Comité de Laicos, Matrimonio, Vida Familiar y Juventud de la USCCB desea ofrecer su gratitud a los jóvenes, jóvenes adultos, familias y líderes pastorales de todo el país por ofrecer su asistencia y apoyo durante el desarrollo, creación y edición de este documento. El Comité también agradece a los consultores de su Grupo de Trabajo de Obispos sobre los Jóvenes; a todas las mujeres y hombres que participaron activamente en la iniciativa intercultural sobre los jóvenes, Caminando Juntos de la USCCB; al liderazgo de la Federación Nacional para el Ministerio Católico con Jóvenes Adolescentes (NFCYM), al Comité Católico Nacional de los Exploradores [Scouts] (NCCS), la Asociación Católica de Pastoral Universitaria (CCMA), la Red Católica Nacional de Pastoral Juvenil Hispana (LaRED), y al Instituto Nacional para el Ministerio con Jóvenes Adultos (NIMYA); y al Sr. Armando Cervantes, la Sra. Nicole Perone y al Dr. Bob Rice por su particular trabajo de ayuda con el texto del marco y a la Sra. Verónica López Salgado por su traducción al español.

Publicado por OSV en 2024

Our Sunday Visitor Publishing Division, 200 Noll Plaza, Huntington, IN 46750; www.osv.com; 1-800-348-2440.

ISBN: 978-1-63966-314-9 (Núm. de inventario, T2963)
eISBN: 978-1-63966-315-6
Primera impresión, 2024

Arte de lo portada: Adobe Stock

Impreso en los Estados Unidos

# Prólogo

**Obispo Robert E. Barron**, *Presidente*
*Comité de Laicos, Matrimonio, Vida Familiar y Juventud*
*Conferencia de Obispos Católicos de los Estados Unidos*

Es un gran momento de alegría para compartir con el Pueblo de Dios en todo los Estados Unidos, *Escucha, Enseña, Envía: Un Marco Pastoral Nacional para el Ministerio con Jóvenes.*

Este marco está dirigido a los pastores católicos, líderes pastorales y familias para que sea una fuente de inspiración y motivación en el compromiso y acompañamiento de los jóvenes. Los Obispos de los Estados Unidos esperamos que sea un catalizador para el crecimiento ministerial y la inversión en los jóvenes.

La exhortación apostólica del Papa Francisco, *Christus Vivit* (2019), que fue la respuesta del propio Santo Padre a un proceso sinodal de escucha y camino con los jóvenes, ha sido una importante fuente de inspiración para los obispos mientras hemos explorado cómo los ministerios pastorales con las generaciones más jóvenes pueden ser eficaces y fructíferos en nuestro país.

3

Los lectores también observarán que los obispos comienzan el marco dirigiéndose directamente a los jóvenes, ya que creemos que los propios jóvenes son agentes importantes de estos ministerios. Sin embargo, esto no excusa a las generaciones mayores y a las familias para comprometerse en el trabajo, ya que cada persona en la comunidad tiene un rol en el acompañamiento de los jóvenes.

El marco aborda ministerios con varios grupos de edad. Cabe señalar que "jóvenes" y "jóvenes adultos" son, de hecho, grupos de edad distintos: los jóvenes son adolescentes en la escuela secundaria y preparatoria, mientras que los jóvenes adultos son aquellos en su adolescencia avanzada, en sus años veinte y treinta, en la universidad y en el mundo laboral. Si bien los jóvenes y los jóvenes adultos son cronológicamente adyacentes, la práctica ministerial no debe fusionar estos grupos de población.

Sin embargo, lo que sí los conecta son tres factores: en primer lugar, que todas las personas desde la adolescencia hasta la edad adulta joven están atravesando periodos de rápidas transiciones de desarrollo, emocionales y sociales que tienen un gran impacto en su crecimiento espiritual y personal; en segundo lugar, que en muchos casos, la Iglesia Católica no ha invertido tanto como debería en acompañarlos fielmente en estos tiempos de gran transición y crecimiento; y en tercer lugar, que estas generaciones han estado entre las más ausentes de la práctica activa de la fe católica en la historia de nuestra nación.

Como resultado de estas realidades, los Obispos de EE. UU. han decidido abordar, en un documento pastoral, cómo la Iglesia puede responder y acompañar mejor, tanto institucionalmente como en los hogares, las familias y las redes sociales. Al leer este marco, oramos para que no sea sólo un libro más en el estante, sino que sirva como un llamado a nivel nacional para dar un paso adelante y atraer a los jóvenes adolescentes y jóvenes adultos en cada comunidad católica local y en cada familia.

Sigamos orando unos por otros en esta apasionante tarea que tenemos ante nosotros.

# *Escucha, Enseña, Envía*: Esquema del Marco Contenido

# Queridos jóvenes amigos

*Carta Pastoral de los Obispos de los EE. UU. a los Jóvenes*

Queridos jóvenes amigos,

Cristo está vivo en ustedes. Nosotros, los obispos católicos de los Estados Unidos de América, nos hacemos eco de nuestro Santo Padre, el Papa Francisco, que nos recuerda, "Él está en ti, Él está contigo y nunca se va. Por más que te alejes, allí está el Resucitado".[1] Dondequiera que los encuentre esta carta, los invitamos a dejar que Jesús, el compañero más importante que tendrán en el camino de la vida, los transforme, para que Cristo permanezca siempre vivo en ustedes. Esa transformación comienza con el encuentro con Jesús, que está presente para nosotros y *escucha* nuestras alegrías y luchas. Nos invita a aprender de él mientras nos *enseña* la verdad, la belleza y la bondad del Evangelio. Luego somos transformados cuando Cristo nos *envía* a nuestra misión de compartir

---

1. Papa Francisco, exhortación apostólica *Christus Vivit* (*CV*), 2019, no. 2.

lo que hemos recibido.

Por nuestra parte, nosotros –como sus pastores y compañeros en el camino de la vida– los hemos escuchado a lo largo de los años, escuchando atentamente sus historias. Hemos dejado que sus voces proféticas y su celo entusiasta tocaran nuestros corazones y nuestras almas y, con afecto espiritual, agradecemos su presencia en nuestras comunidades católicas de fe. Para los que no están involucrados en la Iglesia: se echa de menos su presencia. Siempre son bienvenidos y rezamos para que encuentren un hogar lleno de amor y apoyo, donde Cristo esté verdaderamente presente y dispuesto a encontrarlos y a tocar sus corazones.

Hemos conocido a muchos de ustedes a través de la vida sacramental de la Iglesia, mediante la Confirmación, el Matrimonio, el Bautismo o las Sagradas Órdenes, y en diversos momentos de reencuentro a lo largo del año litúrgico. Rezamos para que las gracias que han recibido del Señor durante esas experiencias sacramentales hayan arraigado en sus vidas. También hemos conocido a muchos jóvenes en peregrinaciones como la Jornada Mundial de la Juventud. Los hemos visto en reuniones nacionales y diocesanas, eventos y sesiones de escucha[2]. Cada uno de estos encuentros ha sido, para nosotros, una fuente de gran alegría y esperanza.

En las Escrituras, Cristo resucitado encuentra y acompaña a dos discípulos en el camino a la ciudad de Emaús (ver Lc 24,13-35), y este "caminar juntos"[3] es un modelo apropiado para que lo sigamos mientras reflexionamos sobre el compromiso y los ministerios de la Iglesia Católica con los jóvenes. En este pasaje, vemos cómo Jesús *escucha* sus realidades para que puedan reconocer lo que realmente están viviendo; luego *enseña* a los discípulos, haciéndolos interpretar su vida a la luz de esa enseñanza; finalmente, habla a sus corazones y los *envía* en misión, a la que audazmente deciden emprender de inmediato.[4] Nosotros también estamos deseosos de escuchar y comprender sus experiencias, de enseñar y compartir la fe católica arraigada en la sabiduría y en una profunda comprensión de

---

2. A nivel nacional en los últimos años, estos han incluido la Convocatoria de Líderes Católicos de la USCCB (2017), el *V Encuentro Nacional* (2017-2018), las conversaciones que condujeron al XV Sínodo sobre los Jóvenes (2017-2018), el proceso del *Diálogo Nacional* (2017-2021), la iniciativa de la USCCB *Caminando Juntos* (2020-2023), y la escucha realizada para preparar el XVI Sínodo sobre la Sinodalidad (2021-2024), así como en las Conferencias Nacionales Católicas para Jóvenes Adolescentes (NCYC), las conferencias de Steubenville para jóvenes, las conferencias FOCUS SEEK y las Reuniones del Ministerio Social Católico (CSMG), entre otros.

3. *CV*, no. 206.

4. Ver *CV*, no. 237.

Cristo y del Evangelio por parte de la Iglesia, y de capacitarlos y enviarlos al mundo con corazones ardientes por el Señor y su pueblo.

Este triple camino (escucha-enseña-envía) es el marco que compartimos con los responsables de la Iglesia Católica, para que, juntos, imitemos a Jesucristo acompañándote a ti y a tus compañeros. Los invitamos a ser receptivos al compromiso y a los ministerios de la Iglesia con los jóvenes, para que ustedes, como aquellos dos discípulos en el camino, puedan también reconocer a Cristo en sus vidas, interpretarlos a la luz del Evangelio y optar por emprender un camino de celo y compromiso misionero para toda la vida.

Dios siempre ha actuado así. Las Escrituras y la historia de la Iglesia a lo largo de los siglos nos ofrecen muchos ejemplos de cómo el Señor habla a través de las voces y las acciones de los jóvenes: héroes bíblicos como el profeta Jeremías, San Juan Apóstol y San Timoteo; mártires valientes como Santa Juana de Arco, San Isidoro Bakanja y San José Sánchez del Río; testigos audaces como San Pedro Calungsod, Santa Kateri Tekakwitha y Santa Teresa de Lisieux; y ejemplos modernos como el Beato Pier Giorgio Frassati, la Beata Chiara Badano, el Beato Carlo Acutis y muchos otros. La más destacada de estos hombres y mujeres santos es la Santísima Virgen María, que dijo "sí" al Señor siendo una joven prometida a José (ver Lc 1,38). A su manera, todos ellos han caminado junto con Cristo, y rezamos para que tú sigas el ejemplo de estos y otros muchos santos hacia la santidad y la salvación.

El propósito del marco que ofrecemos a la Iglesia es capacitar a toda la comunidad católica para que sean instrumentos del Espíritu Santo a la hora de compartir el Evangelio con todos los jóvenes y jopara transformar el mundo por el amor de Jesús. Como dijo una vez San Juan Pablo II: "Queridos jóvenes amigos: Rezo para que su fe en Cristo sea siempre viva y fuerte. De este modo, estarán siempre dispuestos a contar a los demás la razón de su esperanza; sean mensajeros de esperanza para el mundo".[5] Como sus obispos, en compañía de dedicados sacerdotes, diáconos, laicos y líderes consagrados, y de sus padres y familias, nos unimos a ustedes en este empeño, mientras tratamos de llevar la luz de

---

5. Juan Pablo II, "Teleconferencia con los jóvenes," Viaje apostólico a los Estados Unidos de América y Canadá, Anfiteatro Universal (Los Ángeles, CA), 15 de septiembre de 1987, no. 3.

Jesús a todas las personas.

En *Christus Vivit,* la carta apostólica del Papa Francisco a y sobre los jóvenes, el Santo Padre escribió, "Jesús, el eternamente joven, quiere regalarnos un corazón siempre joven".[6] Aunque seamos de generaciones distintas y más viejas que la suya, todos hemos sido invitados a compartir la eterna juventud de Cristo: "esto significa que la verdadera juventud es tener un corazón capaz de amar. En cambio, lo que avejenta el alma es todo lo que nos separa de los demás".[7] Jesús es "el Camino, la Verdad y la Vida" (Jn 14,6) para cada edad, cada generación y cada cultura. Él es el camino, el compañero y el destino de una peregrinación en la que todos viajamos juntos. Él quiere que todos tengamos una conversión del corazón.

A veces, los miembros de la comunidad católica –y esto nos incluye a nosotros– no siempre han estado atentos a las necesidades de los jóvenes y las familias. Reconocemos el dolor y la lucha que muchos de ustedes experimentan en sus vidas, comunidades o en la Iglesia. Por cualquier cosa que hayamos hecho o dejado de hacer, individual o colectivamente, que haya contribuido al sufrimiento de los jóvenes, pedimos humilde y sinceramente perdón, y nos comprometemos a hacer lo que es "justo y necesario" ahora y en el futuro.

También escribimos esto tras varios acontecimientos difíciles ocurridos en los últimos años: escándalos en el interior de la Iglesia, una pandemia mundial, dificultades financieras que los han afectado a ustedes y a los ministerios de la Iglesia que trabajan por ustedes, la desintegración de la familia, un aumento de los actos de racismo y prejuicio, el auge de la polarización, el secularismo y el individualismo, y una creciente conciencia de que muchos de ustedes no se sienten valorados, escuchados o amados. Por nuestra parte, decidimos seguir trabajando con ustedes y con toda la Iglesia para brindar sanación, reconciliación y la paz de Jesucristo.

Este marco nacional para la pastoral se ofrece a la Iglesia como un paso hacia conversaciones más sustanciales y una renovación guiada por el Espíritu en nuestros ministerios para, con y por ustedes. Esperamos y

---

6. *CV*, no. 13.
7. Ibid.

rezamos para que todos los jóvenes de nuestro país, en particular los que sufren, están perdidos o solos, "[sientan la cercanía de] una comunidad cristiana que pueda hacer resonar esas palabras con gestos, abrazos y ayudas concretas".[8] Por favor, sepan que ustedes están constantemente en nuestros corazones y nosotros, como líderes servidores dentro de la Iglesia, queremos caminar juntos con ustedes para que "de ese modo, unidos, podremos aprender unos de otros, calentar los corazones, inspirar nuestras mentes con la luz del Evangelio y dar nueva fuerza a nuestras manos".[9]

Con ese espíritu, nos unimos al Papa Francisco para hablarles directamente como lo hizo en *Christus Vivit* y como lo hace en las Jornadas Mundiales de la Juventud y en otros encuentros y discursos. Para empezar, queremos reiterar que Dios está siempre con ustedes. ¡No pierdan la esperanza! Hay razones por las que el Señor los ha puesto en el camino de la vida. No pierdan la fe cuando ocurran cosas malas y no abandonen la esperanza si se han desviado de un camino bueno y moral. Ustedes son santos y preciosos a los ojos de Cristo: "¿O no saben que sus cuerpos son templo del Espíritu Santo, que habita en ustedes y que han recibido de Dios? Por lo tanto, ustedes no se pertenecen" (1 Cor 6,19). No sientan que no se les quiere o que no se les puede perdonar.

De hecho, son tan valiosos y dignos de amor "porque eres [son] obra de sus manos".[10] Ustedes son infinitamente amados. Pertenecen. Tienen un propósito. Importan. Para Dios, para la Iglesia, para nosotros, para sus compañeros y para el mundo, ustedes realmente importan. Conozcan la misericordia sin límites de Dios y busquen oportunidades de reconciliación. Por muy lejos que nos alejemos de Él, Cristo nos busca porque nos ama. Ustedes nunca están demasiado lejos, y siempre tienen un hogar en la casa del Señor, donde pueden encontrar la misericordia redentora de Jesús.

Dediquen tiempo a leer la Sagrada Escritura, el *Catecismo de la Iglesia Católica* y la vida de los santos, que nos inspiran con su testimonio imborrable de fe. Lean y reflexionen sobre *Christus Vivit* y escuchen al Papa Francisco hablar directamente a su corazón. Perseveren en la fe

---

8. Ibid., no. 77.
9. Ibid., no. 199.
10. Ibid., no. 115.

cristiana. Sean parte activa de la comunidad católica. Sean protagonistas del amor y la esperanza y "tomen decisiones"[11] en su vida diaria. Recen a menudo. No vayan a prisa y dejen que Dios les hable con una tranquila y pequeña "brisa suave" (1 Re 19,12). Sirvan a los necesitados. Consideren a dónde los llama Dios en la vida "a participar en su obra creadora, prestando [su] nuestro aporte al bien común a partir de las capacidades que [reciben] recibimos".[12] Vayan y "¡hagan lío!"[13]

Como decíamos al principio de esta carta, Cristo está vivo en ustedes. Esta es la razón por la que "eso es una garantía de que el bien puede hacerse camino en nuestra vida…Aferrados a Él viviremos y atravesaremos todas las formas de muerte y de violencia que acechan en el camino".[14] Compartimos con ustedes esta ferviente esperanza. Tengan el valor de aceptar estos desafíos: estar abiertos a una conversión del corazón al camino de Jesús; convertirse en discípulos misioneros que arden en la fe; dar testimonio de Cristo y compartir el Evangelio con sus compañeros; y entregar libremente su vida al Señor y por los demás.

Por nuestra parte, nos comprometemos a rezar por ustedes y por su bienestar. Nos unimos a ustedes en la oración por el mundo, especialmente por los que sufren mucho en las periferias. Les pedimos humildemente que recen por nosotros, sus obispos y pastores. El poder de la oración es increíble. Que recemos unos por otros y por todas nuestras intenciones. Esperamos especialmente rezar junto a todos ustedes cuando tengamos el honor de encontrarnos en la sagrada liturgia de la Iglesia y compartir la Eucaristía. También nos comprometemos a apoyarlos en su audacia como discípulos misioneros y a ayudarlos a buscar la verdad, la belleza y la bondad de Dios en el mundo, incluso si sus compañeros no lo apoyan. El Papa Francisco escribió: "No cabe esperar que la misión sea fácil y cómoda…no esperen a mañana para colaborar en la transformación del mundo con su energía, su audacia y su creatividad…Ustedes son *el ahora de Dios,* que los quiere fecundos".[15]

Nos comprometemos a *escucharlos* mientras, juntos, discernimos lo que el Espíritu Santo nos dice a través de la Escritura y la Tradición,

---

11. Ibid., no. 143.
12. Ibid., no. 253.
13. Ibid., no. 143.
14. Ibid., no. 127.
15. Ibid., no. 178.

estando atentos a las palabras valientes que comparten con la Iglesia.

Nos comprometemos a *enseñarles*, siempre atentos a los "signos de los tiempos" (Mt 16,3),[16] pero siempre fieles a Cristo y a su verdad. Nos esforzamos por compartir el Evangelio con el testimonio de nuestras vidas y acciones.

Nos comprometemos a *enviarlos*, acompañarlos, invertir en ustedes y equiparlos para la vocación y misión a la que Dios los ha llamado en esta vida, para que sean agentes bondadosos de transformación.

Trabajando juntos, comprometámonos todos -obispos, responsables de ministerios y jóvenes, en compañía de sus pastores, familias y comunidades locales- a llevar a cabo la misión de Cristo en el mundo, en solidaridad y en colaboración unos con otros, guiados siempre por el Espíritu Santo. Renovemos nuestra llamada mutua a ser discípulos misioneros que aman al Señor y buscan hacer su voluntad. Caminemos unos junto a otros en esta peregrinación compartida, "fijemos la mirada en el iniciador y consumador de nuestra fe" (Heb 12,2), con la protección maternal de nuestra Santísima Madre María, la joven de Nazaret, a quien confiamos los ministerios de la Iglesia para, con y por ustedes.

---

16. Ver también Juan XXIII, constitución apostólica *Humanae Salutis*, 1961, no. 4.

# Introducción del marco

*El mismo Jesús se acercó y siguió caminando*
*con ellos (Lucas 24,15)*

Vive Cristo[17] en los jóvenes de los Estados Unidos,[18] así como en el corazón de quienes los acompañan. Cristo se acerca a los jóvenes para *escucharlos, enseñarles y enviarlos* llenos del Espíritu Santo a que "sean protagonistas de la revolución de la caridad y del servicio".[19] La Iglesia Católica está llamada a imitar a Cristo en su encuentro y compromiso con cada nueva generación: escuchando, enseñando y enviando a cada joven en el nombre de Jesús.

Con ello, la Iglesia renueva su compromiso de acompañar y ejercer su ministerio con los jóvenes. Los ministerios eficaces con los jóvenes deben ser movimientos dinámicos inspirados por el Espíritu Santo, donde todas las generaciones, culturas y comunidades "caminamos juntos",[20] avanzando hacia "experimentar el encuentro comunitario con

---

17. Papa Francisco, exhortación apostólica *Christus Vivit* (Editorial USCCB, 2019), no. 1-2.
18. En este documento –especialmente a partir de la Introducción– el término "jóvenes" cuando está escrito aislado, se refiere a todos los jóvenes: adolescentes, universitarios y jóvenes adultos.
19. *CV*, no. 174.
20. Ibid., no. 199.

el Dios vivo".[21]

Nosotros, los obispos católicos de los Estados Unidos, ofrecemos este marco pastoral nacional como una llamada a las comunidades religiosas locales de todo el país para que renueven sus esfuerzos con los jóvenes. Esta revitalización particular comenzó con el Santo Padre, que convocó un sínodo internacional sobre los jóvenes[22] de 2017 a 2018 y posteriormente animó a toda la Iglesia a través de su exhortación apostólica, *Christus Vivit*, en 2019. Nos hacemos eco de sus palabras en esa maravillosa enseñanza, y ahora deseamos dirigirnos a nuestros pastores y a nuestros líderes católicos laicos, ordenados y consagrados, incluidos los padres y las familias, para que la Iglesia experimente un rejuvenecimiento de la evangelización y de los ministerios con los jóvenes. En las consultas sinodales mundiales, el Pueblo de Dios planteó la necesidad de que "resultan urgentes la renovada atención a los jóvenes, su formación y acompañamiento"[23] para las diócesis/eparquías, las parroquias, las universidades, los movimientos y los apostolados. Nos comprometemos de nuevo con este importante esfuerzo, para que este momento "sea una ocasión propicia para una gran renovación espiritual"[24] para la Iglesia y nuestro acercamiento a los jóvenes. Al observar la cultura y las realidades que afectan a los EE. UU., sentimos que es el momento de ofrecer una respuesta urgente, profética y pastoral para garantizar que el Evangelio se predique a las generaciones más jóvenes y que la importante labor de ministerio y acompañamiento de los jóvenes se lleve a cabo con fidelidad y eficacia en todas las comunidades católicas de nuestra nación.

La narración general de este mensaje de renovación se basa en el camino de los dos discípulos de Emaús con el Señor resucitado que aparece en las Escrituras (Lc 24,13-35). En *Christus Vivit*, el Papa Francisco recomienda la historia de Emaús como "un modelo de lo

---

21. Ibid., no. 204.
22. Es útil para aquellos de los Estados Unidos saber que hay diferencias lingüísticas en inglés que existen en los documentos y actividades del Vaticano y de otros países en torno a los «jóvenes». Por ejemplo, cuando el Papa Francisco hace referencia a la «juventud» o «pastoral juvenil» en *Christus Vivit*, se aplica inclusivamente a adolescentes, jóvenes universitarios y «jóvenes adultos», ya que se traduce de «giovani» (italiano) o «jóvenes» (español), un rango de edad más amplio que el concepto estadounidense de «joven» (que a menudo se limita a la adolescencia, mientras que en otros lugares puede referirse a las edades comprendidas entre los 16 y los 35 años).
23. Secretaria General del Sínodo, *Documento de trabajo para la Etapa Continental*, XVI Asamblea General Ordinaria del Sínodo de los Obispos, 24 de octubre de 2022, no. 35.
24. Juan Pablo II, Mensaje del Santo Padre Juan Pablo II para la XV Jornada Mundial de la Juventud (Libreria Editrice Vaticana [LEV], 29 de junio de 1999), no. 4.

que ocurre"[25] en la pastoral con jóvenes, ya que apunta a "un proceso lento, respetuoso, paciente, esperanzado, incansable, compasivo"[26] y que siempre comienza con el Señor:

> Jesús camina con los dos discípulos que no han comprendido el sentido de lo sucedido y se están alejando de Jerusalén y de la comunidad. Para estar en su compañía, recorre el camino con ellos. Los interroga y se dispone a una paciente escucha de su versión de los hechos para ayudarles a *reconocer* lo que están viviendo. Después, con afecto y energía, les anuncia la Palabra, guiándolos a *interpretar* a la luz de las Escrituras los acontecimientos que han vivido. Acepta la invitación a quedarse con ellos al atardecer: entra en su noche. En la escucha, su corazón se reconforta y su mente se ilumina, al partir el pan se abren sus ojos. Ellos mismos *eligen* emprender sin demora el camino en dirección opuesta, para volver a la comunidad y compartir la experiencia del encuentro con Jesús resucitado.[27]

Este triple marco muestra cómo un joven puede *reconocer* a Dios actuando en su vida, *interpretar* sus experiencias a la luz de la fe y, como resultado, descubrir y *elegir* seguir su vocación y misión. Una transformación, o *metanoia*,[28] puede tener lugar porque Jesús primero los escucha, los enseña y los envía. La Iglesia, siguiendo el ejemplo de Cristo, está llamada a hacer lo mismo: escuchar a los jóvenes, enseñarles el Evangelio y enviarlos al mundo, animados en el Espíritu. Este tríptico "escucha-enseña-envía" puede ser un marco a partir del cual desarrollar planes ministeriales concretos. Del mismo modo que "mientras conversaban y discutían, el mismo Jesús se acercó y siguió caminando con ellos" (Lc 24,15), Cristo se acerca a nosotros una vez más, mientras nosotros mismos seguimos conversando y discerniendo las mejores prácticas y las últimas tendencias sobre los jóvenes. Su presencia constante y eterna,

---

25. *CV*, no. 236.
26. Ibid.
27. Ibid., no. 237.
28. "… *metanoeín*… es pensar más allá, es decir, ir más allá del modo habitual de pensar", Homilía del Santo Padre, Atenas (5 de diciembre de 2021). También es importante la palabra «conversión», que es esencial para un ministerio eficaz.

manifestada en la Palabra de Dios y en la Eucaristía, nos ayuda sin cesar a emprender el camino en compañía de los jóvenes, con corazón esperanzado. El Espíritu Santo, protagonista divino activo en nuestro mundo de hoy, nos fortalece y nos impulsa hacia la misión preeminente de evangelización de la Iglesia, ofreciéndonos motivación para avanzar con esperanza.

Para que este marco no sea un ideal teórico o propiedad de unos pocos ministros profesionales, comenzamos esta convocatoria en el hogar y con nuestros seres queridos, pues "la familia debería ser el primer espacio de acompañamiento".[29] La pastoral de la Iglesia con los adolescentes, los universitarios y los jóvenes adultos debe ser deliberada no sólo en la asociación con los padres, las familias y la pastoral familiar, sino integrando verdaderamente nuestro trabajo conjunto "para poder acompañar adecuadamente el proceso vocacional".[30] La mejor manera de hacer todo esto es empezar con un simple encuentro con uno o varios jóvenes en nuestras familias, redes sociales o parroquias, con un movimiento hacia la escucha auténtica, la evangelización y la misión.[31]

Cuando hablamos de "jóvenes" en este marco, no estamos imaginando un concepto abstracto, un grupo o un dato demográfico; más bien tenemos en mente a los jóvenes de ambos sexos que conocemos o con los que nos relacionamos habitualmente: hijos e hijas, nietos y nietas, sobrinos y sobrinas, hermanos y hermanas, primos y primas de nuestras familias, así como amigos y amigas, colegas, compañeros de trabajo, vecinos y vecinas, y todos los jóvenes que encontramos en nuestra rutina diaria. Cada uno de ellos tiene un nombre, un rostro y una identidad únicos: amados por Dios e integrantes de la misión de la Iglesia. Al igual que Jesús se acercó a los discípulos en el camino, que nosotros también nos acerquemos a ellos y, a imitación de Cristo y por la gracia de Dios, los escuchemos fielmente, los enseñemos y los enviemos al camino que tienen por delante.

---

29. *CV*, no. 242.
30. Ibid.
31. En el material complementario que acompaña a este documento, preparado por el Comité de Laicos, Matrimonio, Vida Familiar y Juventud de la USCCB, se pueden encontrar sugerencias adicionales e ideas concretas para su aplicación.

# Primera parte: Escucha

*(Jesús) Él les dijo: "¿Qué comentaban*
*por el camino?" (Lucas 24,17)*

Jesús comenzó el camino de Emaús con los discípulos en actitud de escucha y haciendo preguntas como las siguientes "¿Qué comentaban por el camino?" (Lc 24,17). Siguiendo este ejemplo de apertura e inquisición en los ministerios de la Iglesia con los jóvenes, el punto de partida para comprometerse con cualquier joven es la escucha y el diálogo intencionados y pacientes, con el objetivo de ayudar al joven a reconocer la obra de Dios en su vida y en su historia. Cristo siempre nos escucha, y la Iglesia debería escuchar siempre a los jóvenes.

Permitámonos preguntar a los jóvenes con regularidad: ¿Qué tienes en mente? ¿Qué pasa en tu corazón? ¿Qué te preocupa? ¿Qué te entusiasma? ¿Con qué sueñas? ¿Qué esperas? Al igual que los discípulos de Emaús, las personas con las que nos encontramos pueden estar caminando en la dirección equivocada. Pueden decir o hacer cosas con las que no estemos de acuerdo. Pero, como Jesús, estamos llamados a escuchar con amor, ternura y compasión. Dios nos busca y toma la

iniciativa de reclamarnos como suyos, sin importar lo lejos o rápido que nos alejemos de él. Siguiendo el ejemplo del Señor, se pide a la Iglesia que haga lo mismo, especialmente con los jóvenes.

Esta postura, por lo tanto, implica un encuentro significativo con, una presencia firme entre, y un auténtico deseo de conocer y comprender a los jóvenes en las realidades de sus vidas. Una vez que hemos escuchado de verdad, se puede generar confianza y profundizar aún más. Como señaló el Papa Francisco, "Nos hace falta crear más espacios donde resuene la voz de los jóvenes: «La escucha hace posible un intercambio de dones, en un contexto de empatía [...] pone las condiciones para un anuncio del Evangelio que llegue verdaderamente al corazón, de modo incisivo y fecundo".[32]

Los jóvenes han hecho escuchar su voz a los obispos a nivel nacional y a los párrocos a nivel local a través de los procesos de escucha y consulta de la Iglesia.[33] Muchos jóvenes han compartido que aman a Jesús, a su Iglesia y al Pueblo de Dios. Aportan entusiasmo e ideas creativas a los diversos ministerios en los que participan. Al mismo tiempo, la Iglesia reconoce que hay muchos jóvenes que ya no están conectados o activos dentro de nuestras comunidades católicas. Algunos no escuchan o no responden a la llamada del Señor en sus vidas, mientras que otros han sido heridos o ignorados en sus familias y por los líderes de la Iglesia, lo que contribuye a este distanciamiento.

En los últimos años hemos visto un aumento estadístico significativo del número de personas que ya no se identifican con ninguna tradición religiosa o comunidad de fe (a menudo denominados "nones" (por su traducción en inglés, o no afiliados). Este desapego puede comenzar tan pronto como en la preadolescencia.[34] Nos desalentamos cuando vemos a jóvenes de secundaria y preparatoria que ya no se comprometen con su

---

32. *CV*, no. 38. (citando el Documento Final la XV Asamblea General Ordinaria del Sínodo sobre "Los Jóvenes, la Fe y el Discernimiento Vocacional", no. 8).

33. Estas experiencias de escucha incluyen, entre otras cosas: la XV Asamblea General Ordinaria del Sínodo sobre "Los Jóvenes, la Fe y el Discernimiento Vocacional" (Vaticano, 2017-2018); el *V Encuentro Nacional de Pastoral Hispana/Latina en los Estados Unidos* (USCCB, 2017-2018); el *Diálogo Nacional sobre la Pastoral Católica con Adolescentes y Jóvenes Adultos* (NFCYM, LaRED, CCMA, NATYAM, y USCCB, 2017-2021); *Caminando Juntos: un Encuentro Nacional Católico Intercultural para Ministerios con Jóvenes y Jóvenes Adultos* (USCCB, 2019-2023); y la XVI Asamblea General Ordinaria del Sínodo "Por una Iglesia Sinodal" (Vaticano, 2021-2024).

34. Bob McCarty y John Vitek, *Going, Going, Gone: The Dynamics of Disaffiliation in Young Catholics* [*Se van, Se van, Se fueron: la Dinámica de la Desafiliación en los Jóvenes Católicos*] (Winona, MN: St. Mary's Press, 2018), p. 42.

fe después de la Confirmación. También nos entristece ver que cada vez menos jóvenes adultos buscan el matrimonio en la Iglesia, el sacerdocio o la vida consagrada, piden el Bautismo para sus hijos e hijas o educan a sus hijos en la fe católica.

La familia, especialmente el testimonio de los padres desempeña un papel fundamental en este patrón. "Los padres creyentes, con su ejemplo diario de vida, tienen la capacidad más atractiva de transmitir a sus hijos la belleza de la fe cristiana".[35] Nos sentimos alentados cuando vemos a los jóvenes en compañía de sus familias en celebraciones litúrgicas y culturales y durante momentos de regreso como vacaciones, bodas o funerales, y cuando los padres y tutores transmiten el amor por la Palabra de Dios, la alegría del voluntariado en la comunidad, la tradición de las devociones católicas, el compromiso regular con el Sacramento de la Reconciliación y la creencia y participación en la Sagrada Eucaristía. Sin embargo, estamos profundamente preocupados por la creciente ausencia de padres y familias como "primeros catequistas" de sus hijos (junto con el desmoronamiento general de las estructuras familiares para apoyar a los jóvenes en su desarrollo), así como por la falta de colaboración entre los ministerios de familia y los ministerios con jóvenes adolescentes y jóvenes adultos, lo que tiene un impacto visible en la disminución de las prácticas de fe en los jóvenes.[36] Reconocemos la importancia crítica de los padres y abuelos para la transmisión de la fe de una generación a otra y para el fomento de las vocaciones, y rezamos para que haya una mejor coordinación entre estos ministerios para revitalizar tales esfuerzos. Todos estos factores contribuyen al contexto en el que a menudo nos encontramos, cuando emprendemos juntos este camino.

## Al encuentro de los jóvenes

El primer paso para escuchar es acercarse a los jóvenes: no sólo hablar *de* ellos, sino también hablar *con* ellos. Cuando nos encontramos con los jóvenes, vemos sus caras, escuchamos sus voces y permitimos que sus palabras y acciones nos conmuevan. Llegamos a saber quiénes son.

---

35. Pontificio Consejo para la Promoción de la Nueva Evangelización, *Directorio para la Catequesis* (LEV, 2020), no. 124.
36. Ver *Llamados a la Alegría del Amor* (USCCB, 2022) para obtener más información sobre la pastoral matrimonial y familiar.

Aprendemos sus historias. Esto también significa que salimos de nuestras propias zonas de confort encontrarnos con los de otra generación: encontrarnos con los jóvenes en sus caminos, especialmente fuera de los muros para de la iglesia, al igual que hizo Jesús cuando alcanzó a los dos discípulos que se alejaban de Jerusalén. Como nos dice el Papa Francisco, "Hay espacio para todos. Jesús lo dice claramente... jóvenes y viejos, sanos, enfermos, justos y pecadores. ¡Todos, todos, todos! En la Iglesia hay lugar para todos".[37] Cuando nos encontramos con la gran diversidad de jóvenes allí donde viven, se mueven y existen (ver Hch 17,28), tenemos la oportunidad de encontrarnos con el Señor, presente en todos sus corazones. Encontramos a Cristo sufriente a través de sus luchas, y vemos a Cristo alegre a través de su juventud y energía.

En nuestros encuentros más recientes con los jóvenes, hemos llegado a comprender que las preocupantes tendencias de la cultura y la sociedad pueden ser causadas, amplificadas o agravadas por las realidades que rodean a los jóvenes. Esto incluye: la creciente secularización; la preocupación por la salud en todo el mundo; las guerras y los conflictos internacionales; los desafíos financieros; las divisiones raciales y culturales; el divorcio y la desintegración de la familia; los desafíos a la belleza de la sexualidad humana; el aumento de la tecnología móvil y la prevalencia de los medios de comunicación social (y su impacto en la salud mental y el bienestar); las preocupaciones ambientales; las crecientes tasas de pobreza y disparidad económica; la polarización política y social; la migración, los refugiados y los problemas de inmigración; la cultura dominante del relativismo y el juicio; y las crisis de abuso sexual en la sociedad y en la propia Iglesia.[38] Distintos a nuestros tiempos, también reconocemos el impacto significativo que los actos impredecibles y espontáneos de violencia pública están teniendo en los jóvenes de hoy.

El Papa Francisco lamentó que, "a veces el dolor de algunos jóvenes es muy lacerante; es un dolor que no se puede expresar con palabras;

---

37. Papa Francisco, Ceremonia de Acogida, Discurso del Santo Padre (Parque Eduardo VII, Lisboa), 2023.
38. Ver la aportación del Reporte Final del *Diálogo Nacional sobre la Pastoral Católica con Adolescentes y Jóvenes Adultos* (2021) en https://www.laredpjh.org/wp-content/uploads/2021/10/NDreportSP.pdf y el proyecto de la USCCB *Caminando Juntos* (2020-2023) [solo en inglés] en https://www.usccb.org/committees/cultural-diversity-church/journeying-together, entre otros.

es un dolor que nos abofetea".[39] Nos sentimos especialmente afligidos cuando nos encontramos con jóvenes que luchan contra crisis de salud mental, exacerbadas por el dolor, la ansiedad, la soledad y el aislamiento, la incertidumbre de su contexto social y la tecnología. Nos impresionan las injusticias raciales contra los negros y afroamericanos, los asiático-americanos y los isleños del Pacífico, los hispanos/latinos y los nativos americanos. Nos muestra que este país y la Iglesia católica siguen luchando contra el mal del racismo.

Los jóvenes con discapacidades también han compartido con nosotros que se sienten marginados y desapercibidos en la sociedad, entre sus compañeros e incluso dentro de las comunidades religiosas. Y muchos jóvenes se han acostumbrado a sucesos horribles como suicidios, tiroteos e incidentes de violencia en escuelas, universidades, vecindarios y lugares de trabajo. Al mismo tiempo, vemos cómo los jóvenes se unen en respuesta a estas y otras situaciones trágicas, dando un testimonio esperanzador de la bondad de Dios frente a la adversidad. Esta situación se ve agravada por las dificultades económicas de nuestras comunidades católicas, que han provocado que muchas diócesis/eparquías, escuelas, parroquias y apostolados combinen, reduzcan o eliminen puestos e iniciativas pastorales de apoyo a los jóvenes, dejándoles sin oportunidades de atención pastoral en tiempos difíciles.

Sin embargo, que "la esperanza sobreabunde en ustedes por obra del Espíritu Santo" (Rom 15,13). Nos animan los ministerios locales de todo Estados Unidos que se encuentran regularmente con jóvenes, especialmente los de comunidades marginadas que tratan de sanar heridas y renovar a los jóvenes en la fe.[40] Su ejemplo nos muestra que, para emprender verdaderamente en este camino con cualquier joven, debemos estar dispuestos a encontrarnos con esa persona con una preocupación pastoral afectuosa y generosa, dondequiera que esté, y reflexionar en oración sobre las situaciones a las que se enfrenta: ¿A quién tenemos delante? ¿Quién falta? ¿Cuáles son sus preocupaciones?

---

39. *CV*, no. 77.
40. Felicitamos a los ministerios como *Corazón Puro* en el Bronx en la Archidiócesis de Nueva York, dirigido por los Frailes Franciscanos de la Renovación, e *Iskali*, un ministerio de desarrollo de liderazgo en la Archidiócesis de Chicago, dirigido por jóvenes católicos laicos, entre otros apostolados locales y ministerios parroquiales, por su trabajo en el encuentro con los jóvenes en circunstancias difíciles y dentro de las comunidades marginadas.

Y después: ¿Cómo podemos responder?

## Estar plenamente presentes

Cristo está plenamente presente en nuestra Iglesia y en nuestro mundo. Durante dos milenios, el Señor ha permanecido en medio de nosotros: a través de su Presencia Real en la Sagrada Eucaristía, en Palabra y Sacramento, y como nos recuerda en la Escritura, "Porque donde hay dos o tres reunidos en mi Nombre, yo estoy presente en medio de ellos" (Mt 18,20).

Compartimos esa presencia constante y amorosa del Señor ofreciendo una presencia empática y un acompañamiento para ayudar a los jóvenes a atravesar numerosas transiciones de la vida y momentos de desarrollo. Dios comparte su presencia a y con los jóvenes actuando a través de nosotros: cuando acompañamos y estamos plenamente presentes a un joven, él o ella puede sentir la presencia de Cristo, que anhela estar cerca de cada persona que encontramos. Hay momentos en los que el silencio y el simple hecho de estar presente –sin juzgar ni "arreglar"– es una gran forma de actuar "que sigue la atención que Jesús daba a su pueblo, especialmente a los que sufren y a los necesitados".[41]

Para los jóvenes que pasan de la escuela secundaria a la preparatoria, a medida que se desarrollan física, creativa, intelectual y espiritualmente, esto significa prácticamente que la Iglesia está ahí para ayudarlos, junto con sus familias, a navegar la amistad, la intimidad, las metas de la vida y los caminos vocacionales. Para los que tienen entre 20 y 30 años, es estar presentes mientras disciernen y se comprometen en las transiciones de la vida adulta joven. A medida que entran y se gradúan de la universidad, buscan empleo o se comprometen en el servicio militar; a medida que se mudan de casa, establecen relaciones (noviazgo, compromiso o matrimonio); a medida que forman una familia o se convierten en sacerdotes, religiosas consagradas o hermanos; y a medida que asumen la responsabilidad de las realidades concretas de la vida (desde la vivienda, las facturas y los impuestos hasta la asistencia de salud y el cuidado de los padres ancianos), la Iglesia está llamada a estar presente para ellos con amor.

Tanto los jóvenes adolescentes como los jóvenes adultos necesitan la

---

41. *Renovemos la Visión: Fundamentos para el Ministerio con Jóvenes Católicos* (USCCB, 1997), p. 43.

presencia de Cristo y de la Iglesia cuando se enfrentan a desafíos debido a la situación de inmigración, el desempleo, el encarcelamiento y los antecedentes penales, la pobreza, la falta de oportunidades educativas, el abuso doméstico, la separación, el divorcio, las familias rotas, la discapacidad y otras realidades. Estas experiencias pueden provocar o verse agravadas por la soledad, el aislamiento social, la ansiedad, el estrés, la inseguridad o la depresión clínica, incluida la seria consideración de cometer suicidio o el suicidio. Los jóvenes son especialmente vulnerables en estos contextos y necesitan la atención y el apoyo de las comunidades religiosas. La Iglesia, a través de sus ministerios sociales y de apoyo, como Caridades Católicas, Catholic Relief Services, Walking with Moms in Need [Caminando con las Mamás Necesitadas], la Campaña Católica para el Desarrollo Humano, los programas de rehabilitación de adicciones y otros esfuerzos locales con poblaciones vulnerables, puede recordar a los jóvenes marginados y en situación de riesgo la presencia y el cuidado pastoral de un Dios que los ama incondicionalmente.

También hemos visto signos positivos de la acción del Espíritu Santo, donde la Iglesia está realmente presente en la vida de los jóvenes. El surgimiento de movimientos laicos, asociaciones y nuevas comunidades, los exploradores (scouts) católicos y las peregrinaciones a la Jornada Mundial de la Juventud están teniendo un impacto positivo en muchos jóvenes. También hay parroquias y diócesis/eparquías que participan en proyectos creativos para feligreses activos y en la colaboración ecuménica. La pastoral universitaria y los misioneros evangélicos ofrecen a los universitarios acompañamiento fraterno, liturgias vibrantes, retiros y encuentros significativos de servicio en el entorno universitario. Los esfuerzos interculturales y de justicia social, incluidos los programas de voluntariado, defensa e inmersión, ofrecen a los jóvenes oportunidades para trabajar juntos en la misión de la Iglesia en los márgenes. Muchas comunidades religiosas han adoptado las nuevas tecnologías y han invitado a los jóvenes a que les ayuden a comprender y utilizar el panorama digital. Y cada vez más jóvenes se encuentran con Jesús en el Santísimo Sacramento, la Presencia Real, tanto en la Misa como en la Adoración Eucarística.

## Comprensión entre generaciones

A medida que la Iglesia encuentra, escucha y está presente entre los jóvenes, llega a comprender mejor la singularidad de cada persona. El Papa Francisco señaló que en el mundo de hoy, "vemos una tendencia a "homogeneizar" a los jóvenes, a disolver las diferencias propias de su lugar de origen, a convertirlos en seres manipulables hechos en serie"[42] produciendo una esterilidad cultural en la que las identidades a menudo se olvidan con el paso del tiempo. Sobra decir que los jóvenes no son un conjunto de datos, una categoría demográfica o un monolito abstracto, sino que cada joven tiene un nombre, un rostro y un alma, "con sus vidas concretas".[43] Para comprender y apreciar verdaderamente cada historia única, debemos reconocer las distintas expresiones culturales y generacionales presentes en sus vidas. Escuchamos para comprender con corazones bondadosos.

Aunque conocer datos, normas culturales y tendencias emergentes sobre los jóvenes adolescentes, los jóvenes universitarios y los jóvenes adultos puede ser útil hasta cierto punto, descubrimos que la mejor manera de conocer a los jóvenes es a través del acompañamiento individual. El Papa Francisco hace hincapié en esto al reflexionar sobre la historia de Emaús, señalando que, como hizo Jesús con los dos discípulos en el camino, la escucha debe ser "a la persona" y que "debe sentir que lo escucho incondicionalmente, sin ofenderme, sin escandalizarme, sin molestarme, sin cansarme… Esta escucha atenta y desinteresada indica el valor que tiene la otra persona para nosotros, más allá de sus ideas y de sus elecciones de vida".[44] Hay que escuchar para comprender al otro, para ponerse en su lugar en el camino de la vida.

San Juan Bosco, sacerdote y educador italiano del siglo XIX, dio ejemplo a la Iglesia en este sentido. Quien sigue las huellas de este santo activamente "participa en la vida de los jóvenes, se interesa por sus problemas, procura entender cómo ven ellos las cosas, toma parte en sus actividades deportivas y culturales, en sus conversaciones".[45] A medida que los líderes de la iglesia, los padres y los adultos de confianza aprenden

---

42. *CV*, no. 186.
43. Ibid., no. 71.
44. Ibid., no 292.
45. Juan Pablo II, carta apostólica *Iuvenum Patris* (en el centenario de la muerte de San Juan Bosco), 1988, no. 12.

más sobre cada joven en sus vidas, comienzan a conocer y comprender mejor la cultura, la generación y las experiencias vividas únicas del joven, lo que los convierte en un ministro pastoral más eficaz y receptivo para y con los jóvenes. Esto también se aplica a los ministros jóvenes que tienen el reto de aprender y comprometerse con jóvenes adolescentes y jóvenes adultos fuera de su red más cercana de amigos o compañeros.

## Sanando heridas

Los jóvenes no siempre pueden escuchar la voz del Señor si sus necesidades básicas no están cubiertas o cuando hay heridas que eclipsan su compromiso con una comunidad de fe. "En realidad, la situación exige a menudo que la acción apostólica con los jóvenes sea de índole humanizadora y misionera, como primer paso necesario".[46] La Iglesia, por tanto, se ve obligada a adoptar un enfoque más pastoral en sus ministerios con los jóvenes adolescentes, los jóvenes universitarios y los jóvenes adultos.

Como parte del proceso de escucha, podemos ser un "hospital de campaña tras una batalla" para "curar heridas"[47] de los muchos jóvenes que luchan, en lo grande y en lo pequeño, y abordar las heridas en aquellos jóvenes que son indiferentes a la fe o buscan un mayor sentido en sus vidas. Los ministerios de la Iglesia con jóvenes adolescentes y jóvenes adultos deben estar atentos a su bienestar físico, emocional y espiritual, para que la gracia de Dios pueda romper cualquier dureza de corazón o herida endurecida. Se anima a los líderes pastorales y a las familias a defender y ayudar a los jóvenes, especialmente a los que están en situación de riesgo y viven al margen de la sociedad. Esto implica la voluntad de comprometerse en el trabajo pastoral de sanar las heridas, restaurar la confianza y revitalizar la fe. Esto exige una evangelización (y, en caso necesario, una experiencia de evangelización previa) que llegue tanto al corazón como a la cabeza del joven.

Para que una formación más profunda o la búsqueda de un camino vocacional arraiguen en la vida de un joven, es necesario que se genere confianza, y eso puede llevar tiempo. Reconocemos las veces que hemos

---

46. Congregación para el Clero, *Directorio General para la Catequesis* (LEV, 1997), no. 185.
47. "Entrevista al Papa Francisco," por P. Antonio Spadaro, S.J., *La Civiltà Cattolica*, 21 de septiembre de 2013.

fallado a los fieles, en particular a través de escándalos y abusos de poder, y nos comprometemos a hacer lo que sea justo y necesario. En este sentido, podemos tratar de reconstruir esa confianza. Además, un buen ministerio con los jóvenes no puede precipitarse. Pero al mismo tiempo no puede retrasarse. Esta directiva paciente, pero urgente, habla del desarrollo de un modelo más sinodal de ministerio con los jóvenes,[48] el cual es un "caminar juntos" hacia la corresponsabilidad y "la participación de todos en la vida eclesial".[49] La comunidad católica, en su "construcción de un pueblo en paz, justicia y fraternidad",[50] reconoce que "el tiempo es superior al espacio... la unidad es superior al conflicto...la realidad es superior a la idea... (y) el todo es más que las partes".[51] Todo el proceso de escuchar a los jóvenes y trabajar con ellos, sobre todo para sanar y restaurar lo que se ha roto, requiere tiempo y paciencia, está libre de juicios y conflictos y se basa en realidades vividas.

En un país culturalmente diverso como los Estados Unidos, los ministros de la pastoral con jóvenes deben llegar a ser intercultural e inter generacionalmente competentes, ya que "para realizar la misión de la Iglesia...son requisitos indispensables y de gran importancia el conocimiento, las actitudes y las habilidades en las relaciones interculturales e interraciales".[52] Al escuchar las heridas, las realidades, las preguntas, las frustraciones y el descontento de los jóvenes, tenemos la oportunidad de restablecer una auténtica "cultura del encuentro"[53] que también incluye asumir "la responsabilidad de corregir las injusticias del racismo y sanar los daños que ha causado... y para expresar nuestra firme y renovada decisión de trabajar por la justicia".[54] Estos actos de sanación son esenciales para una Iglesia que escucha de verdad a los jóvenes.

## De la escucha a la respuesta

Cuando los líderes de los ministerios y las familias escuchan de verdad, a menudo se encuentran con "los pobres y critican los sistemas sociales

---

48. *CV*, no. 206.
49. Sínodo de los Obispos, *Documento Preparatorio para el Sínodo "Por una Iglesia sinodal"* (LEV, 2021), no. 11.
50. Papa Francisco, *Evangelii Gaudium* (*EG*) (Editorial USCCB, 2013), no. 221.
51. Ibid,, nos. 222, 228, 233, 235.
52. *Desarrollando la capacidad intercultural de los ministros: bilingüe* (Editorial USCCB, 2014), xiii.
53. *EG*, no. 220.
54. U*Abramos nuestros corazones: El incesante llamado al amor – Carta pastoral contra el racismo* (Editorial USCCB, 2018), p 25.

que impiden la realización del Reino de Dios",[55] y puedan establecer ministerios verdaderamente receptivos y dinámicos que sean multilingües, interculturales e intergeneracionales, con "mayor hospitalidad y alcance, colaboración y respeto mutuo entre los movimientos, puentes a los servicios sociales en la comunidad… para visitar a personas en las periferias y atender las necesidades de los más vulnerables".[56] Teniendo esto en cuenta, la escucha siempre debe conducir a una respuesta que esté arraigada en lo que se ha oído y visto, así como única, ya que cada joven es distinto. Dicha respuesta se realiza dentro de una "comunidad de comunidades, santuario donde los sedientos van a beber para seguir caminando, y centro de constante envío misionero".[57]

Se puede hacer un esfuerzo continuo para equipar a todos los fieles católicos con un espíritu receptivo, teniendo siempre en cuenta a aquellos que puedan sentirse excluidos, marginados o ignorados.[58] Para apoyar a los sacerdotes y a los líderes parroquiales, que se encuentran abrumados por las crecientes responsabilidades y los recursos limitados, toda la comunidad católica tendrá que intervenir y trabajar para transformar sus parroquias locales en "ámbitos de viva comunión y participación".[59] Al hacerlo juntos, "en todas nuestras instituciones necesitamos desarrollar y potenciar mucho más nuestra capacidad de acogida cordial, porque muchos de los jóvenes que llegan lo hacen en una profunda situación de orfandad… [para] ofrecer caminos de amor gratuito y promoción, de afirmación y crecimiento".[60]

Esta comunión encuentra su punto culminante en la celebración de la Eucaristía, "el Pueblo de Dios toma parte en 'la obra de Dios'".[61] En las numerosas transiciones a las que se enfrentan los jóvenes, deberían

---

55. *Encountering Christ in Harmony: A Pastoral Response to our Asian and Pacific Island Brothers and Sisters* [Encontrando a Cristo en la armonía: Una respuesta pastoral a nuestros hermanos y hermanas asiáticos y de las islas del Pacífico] (USCCB, 2018), p. 41.

56. *Memorias y Conclusiones del V Encuentro Nacional de Pastoral Hispana/Latina*, p. 43. Este sentimiento también tuvo eco en el proceso y las conclusiones de *Caminando Juntos* de la USCCB.

57. *EG*, no. 28.

58. Las iniciativas de la USCCB, Desarrollar la competencia intercultural para el ministerio (BICM por sus siglas en inglés) y el recurso, *Desarrollando la capacidad intercultural de los ministros* (Publicaciones de la USCCB, 2014) del Comité de Diversidad Cultural en la Iglesia, pueden ser útiles en este tema. Ver BICM APÉNDICES Spanish, USCCB.

59. *EG*, no. 28.

60. *CV*, no. 216.

61. Catecismo de la Iglesia Católica, 1069.

poder encontrar un "hogar" allí donde se celebre la Misa. "El Sacramento de la Eucaristía se llama Sagrada Comunión precisamente porque, al ponernos en íntima comunión con el sacrificio de Cristo, somos puestos en íntima comunión con él, por él, entre nosotros".[62] Al orientar a los jóvenes hacia la Presencia Real de Cristo en la Eucaristía e invitarlos a participar activamente en una comunidad eucarística, les ofrecemos un encuentro con el Señor siempre presente, misericordiosamente comprensivo y fuente de toda sanación. Por lo tanto, los esfuerzos para fomentar la participación de los jóvenes en la celebración eucarística y en las devociones eucarísticas pueden arraigar a los jóvenes en su identidad católica y darles herramientas para llegar a los demás "más allá de los grupos de amigos y construir la amistad social, buscar el bien común".[63] A través de esto, los jóvenes también pueden encontrar una conexión con la Iglesia católica mundial. Experiencias como las conferencias nacionales, las experiencias de inmersión en el voluntariado y la justicia, la creación de redes regionales y las Jornadas Mundiales de la Juventud ofrecen a los jóvenes adolescentes, jóvenes universitarios y jóvenes adultos una visión de la comunidad universal de la fe, un "hogar" mundial por así decirlo, al mismo tiempo que enriquecen el camino de un joven dentro de su propia comunidad local, su herencia cultural y étnica y su familia de origen.

A pesar de las tribulaciones que los discípulos de Emaús acababan de sufrir al presenciar la pasión y muerte del Señor, el divino extranjero que se les unió permitió a los dos viajeros compartir sus historias en su totalidad, sin interrupciones ni juicios. Al hacerlo, Jesús propició un sentimiento de pertenencia y comunidad mientras caminaban juntos. Se sentían a gusto en presencia del Señor. Todo comenzó con la postura de escucha pastoral de Jesús, incluso si lo que compartían era incompleto. Este es el primer paso para el trabajo de la Iglesia con los jóvenes de hoy. Los ministerios con los jóvenes pueden entenderse mejor como una "respuesta de la comunidad cristiana a las necesidades de los jóvenes y el intercambio de los dones únicos de la juventud con la comunidad en general".[64] En este sentido, animamos a los responsables de los ministerios

---

62. *El Ministerio de la Eucaristía en la Vida de la Iglesia* (Editorial USCCB, 2021), no. 25.
63. *CV*, no. 169.
64. National Conference of Catholic Bishops [Conferencia Nacional de los Obispos Católicos] (NCCB por sus siglas en inglés), *A Vision of Youth Ministry* [Una Visión para el Ministerio con Jóvenes Adolescentes] (Editorial USCCB, 1976), p. 6.

y a las familias a establecer las condiciones para que se produzca una escucha mutua: donde las generaciones mayores puedan escuchar de verdad a los jóvenes y donde los jóvenes puedan escuchar de verdad a Dios que les habla en la Palabra y en la sabiduría de la Iglesia. Esta escucha conduce también a la vocación: al escuchar, podemos ayudar a los jóvenes a identificar, discernir y poner sus dones al servicio de la Iglesia o para su misión en el mundo. Cuando estamos abiertos y conmovidos por lo que oímos, y cuando los demás saben que los hemos comprendido y les hemos devuelto lo que se había perdido, nuestros corazones y nuestras mentes están más receptivos a la llamada del Señor.

# Segunda parte: Enseña

*Y comenzando por Moisés y continuando en todas*
*las Escrituras lo que se refería a él (Lucas 24,27)*

Después de haber escuchado pacientemente el testimonio de los dos discípulos de camino a Emaús, Jesús hace una abrupta intervención: "¡Hombres duros de entendimiento, cómo les cuesta creer todo lo que anunciaron los profetas!" (Lc 24,25). No pretendía avergonzar o herir a sus compañeros de viaje, sino llamar su atención mientras disipaba sus tinieblas con la verdad de su luz radiante. Jesús ofrece a sus discípulos la oportunidad de una conversión del corazón. Ahora va a enseñarles de una manera decisiva, a responder y revelarse en sus experiencias, y al hacerlo, les dará "un espíritu nuevo", transformando sus corazones de piedra a vida nueva (Ez 36,26).

Jesús era llamado "Rabí" o "Maestro" (Jn 1,38) y compartía la Buena Nueva a través del diálogo, las parábolas y las enseñanzas. Interpretaba las Escrituras y aplicaba su sabiduría a las circunstancias presentes. En cada generación sucesiva, todos los que han ministrado en el nombre del Señor han sido instruidos por Cristo: "Vayan, y hagan que todos los pueblos

sean mis discípulos, bautizándolos en el nombre del Padre y del Hijo y del Espíritu Santo" (Mt 28,19). La Gran Comisión continúa hasta el día de hoy dentro de los ministerios de la Iglesia con jóvenes, ya que los líderes pastorales, las familias y los jóvenes comparten la luz de Cristo y provocan una conversión del corazón. Esto comienza respondiendo a sus realidades.

Aquí recordamos a santa Kateri Tekakwitha, una joven indígena de las naciones algonquina e iroquesa que vivió en el siglo XVII, perseguida por su fe en Cristo y elevada en modelo para los jóvenes de hoy por el Papa Francisco.[65] Santa Kateri encontró el consuelo del Señor a través de sus maestros y guías, los misioneros jesuitas de Norteamérica. Anhelando saber más sobre la fe católica, pidió a los que la atendían: "¿Quién me enseñará lo que es más agradable a Dios, para que pueda hacerlo?"[66] Sus maestros y pastores la invitaron a conocer a Cristo, le proclamaron la Buena Nueva, la formaron en las enseñanzas de la Iglesia, la bautizaron y la alimentaron con el Pan de Vida, para sostenerla y fortalecerla. Nosotros estamos llamados a hacer lo mismo.

Esto habla del papel de los mentores y guías en la vida de un joven. "Los mentores no deberían llevar a los jóvenes a ser seguidores pasivos, sino más bien a caminar a su lado, dejándoles ser los protagonistas de su propio camino… por ello, un mentor debe simplemente plantar la semilla de la fe en los jóvenes, sin querer ver inmediatamente los frutos del trabajo del Espíritu Santo".[67] Demasiados jóvenes carecen hoy de mentores en sus vidas, y sin embargo estas figuras de sabiduría pueden hacer mucho para guiar a un joven por el buen camino. Esta experiencia de acompañamiento es algo que comienza en la familia y se extiende a los profesores, adultos respetados, líderes eclesiásticos y contactos profesionales que un joven encuentra a medida que madura en la vida.

## Proclamar a Jesucristo

¿Qué enseña Jesús a los discípulos en el camino a Emaús? El evangelista nos dice que, "y comenzando por Moisés y continuando en todas las Escrituras lo que se refería a él" (Lc 24,27). Esto nos recuerda que el

---

65. Ver *CV*, no. 55.
66. Kateri Tekakwitha, qtd. in Walworth, Ellen Hardin, *The Life and Times of Kateri Tekakwitha: The Lily of the Mohawks* [Vida y época de Kateri Tekakwitha: el lirio de los Mohawks], *1656-1680* (Peter Paul & Brother, 1893), p. 196.
67. *CV*, no. 246.

anuncio de Cristo debe estar en el centro de cualquier experiencia de compromiso con los jóvenes. Jesús es el centro de la evangelización.

San Pablo VI compartió: "a todos lo anuncio... Jesucristo es nuestra predicación constante; es su nombre el que proclamamos hasta los confines del mundo (ver Rom 10,18) y por todos los siglos (Rom 9,5). ¡Recuérdenlo y medítenlo!".[68] Cuando predicamos a Jesucristo y el Evangelio en su plenitud, podemos encender un fuego de fe en quienes lo escuchan proclamado con amor y pasión.

Los líderes pastorales y las familias que comparten la vida y las enseñanzas de Jesús "estamos llamados a amar y aceptar a todas las personas de tal manera que invite a cada persona a una relación más profunda con Cristo y una mayor armonización de sus vidas con las enseñanzas que él nos dejó".[69] Los jóvenes podrán encontrar a Cristo a través de la Iglesia, los sacramentos y el testimonio de nuestras vidas. Hacer una invitación audaz a la fe puede ayudar a disipar la oscuridad y agrandar las alegrías en la vida de un joven, permitiendo que Jesucristo transforme sus experiencias vividas y produzca una conversión del corazón.

Las enseñanzas de Cristo son contraculturales y transformadoras: buscar ante todo el Reino de Dios, amar a los enemigos, llevar una vida moral y sacrificarse por el bien de los demás, especialmente de los marginados y olvidados. Puede llevar tiempo aceptar estas verdades, y los jóvenes deben disponer de ambientes acogedores en los que puedan hacer preguntas sin ser juzgados y debatir cuestiones difíciles. A medida que los jóvenes son acompañados en su peregrinación de fe, necesitan escuchar una proclamación clara del mensaje de salvación, las implicaciones de la vida evangélica (incluidos los efectos del pecado), el abrazo de la misericordia de Dios y el amor incondicional que Cristo ofrece a quienes le siguen, todo ello inculturado en sus vidas en un lenguaje y un estilo que puedan entender, apreciar y apropiarse en sus propias vidas. Necesitan padres llenos de fe, ministros pastorales y líderes que puedan interpretar con amor las historias de los jóvenes a través del lente de la fe y fomentar la conversión del corazón. En particular,

---

68. Pablo VI, Homilía del Santo Padre, Misa en Quezon Circle, Filipinas, Manila (29 de noviembre de 1970), no. 1.
69. *Viviendo como Discípulos Misioneros* (Editorial USCCB, 2017), p. 15.

para los que están en el ministerio ordenado, no podemos insistir lo suficiente en la importancia que tiene una homilía, al articular bien el significado relevante de la Palabra de Dios, para interesar a los jóvenes en la vida litúrgica de la Iglesia e invitarlos a una relación más profunda con Jesucristo.

"Toda formación cristiana es ante todo la profundización del *kerygma*".[70] No se trata de la mera recitación de una fórmula, sino de un proceso mediante el cual uno, a través de la experiencia y la explicación, puede comprender el amor de Dios mostrado a través de Jesucristo. Abrazar este amor no sólo nos acerca a Dios, sino también a los demás. "El *kerygma* tiene un contenido ineludiblemente social: en el corazón mismo del Evangelio está la vida comunitaria y el compromiso con los otros. El contenido del primer anuncio tiene una inmediata repercusión moral cuyo centro es la caridad".[71]

Los maestros eficaces deben estar familiarizados con la Biblia, tanto el Antiguo como el Nuevo Testamento, y con la enseñanza de la Iglesia sobre la Palabra de Dios, que incluye tanto la Escritura como la Tradición, comprendiendo la historia de la salvación revelada a través de los textos sagrados. Un joven aprende de Dios y de su amor por nosotros a través de las Escrituras, que son "la palabra de Dios, en cuanto escrita," y a través de la Sagrada Tradición, que "recibe la palabra de Dios... y la transmite íntegra".[72] Los Evangelios ocupan "el lugar preminente"[73] entre todas las Escrituras, "puesto que son el testimonio principal de la vida y doctrina del Verbo Encarnado, nuestro Salvador".[74] Los Evangelios deben ser igualmente preeminentes en la vida de todos los discípulos misioneros. Dios continúa revelándose de diferentes maneras a través de la Iglesia y de las verdades presentadas en las Escrituras, los sacramentos, la Tradición, los santos y doctores de la Iglesia, y la Doctrina Social Católica, así como en símbolos, rituales, sacramentales y devociones.

No se puede separar la doctrina y la enseñanza moral de la Iglesia del anuncio de Jesucristo. No hay oposición entre lo que la Iglesia enseña

---

70. *EG*, no. 165.
71. *EG*, no. 177.
72. CIC 81.
73. Concilio Vaticano Segundo, *Dei Verbum*, no. 18.
74. Ibid.

y lo que Dios ha revelado. La Iglesia es el medio por el cual podemos escuchar la voz de Jesús (ver Jn 10,27), experimentar su poder salvador, tener una conversión del corazón y ser incorporados a la comunidad de fe. Cuando un joven tiene un encuentro real con Jesucristo, como aquellos discípulos de Emaús, su corazón arderá en su interior, impulsándolo a querer conocer aún más al Señor.

Otro componente clave de esta evangelización es que las familias y los líderes pastorales compartan su propio testimonio del poder salvador de Dios en sus vidas. Contar nuestra historia, con sus alegrías y desafíos, es abrirnos a otro compañero de viaje, admitiendo libremente nuestras faltas y tropiezos en el camino, para mostrar a un joven cómo Cristo nos iluminó. La narración auténtica invita a la otra persona a ver cómo actúa Dios en las experiencias cotidianas de la vida y a plantearse cómo descubrir al Señor en su historia. En este proceso, él o ella es capaz de interpretar mejor, con el apoyo de compañeros comprensivos, cómo actúa Dios. Para aquellos que son tibios en su vida de fe o indiferentes a la Iglesia y sus enseñanzas, esta comprensión renovada del poder de la propia historia puede convertir corazones y mentes hacia una mayor formación y misión.

## Una catequesis evangelizadora

En las relaciones sanas y amorosas, crecemos continuamente en el conocimiento del otro. El mismo principio se aplica a la relación de un joven con Dios y con la Iglesia. El ministerio de la formación fluye del *kerigma* y es una parte esencial de los ministerios con jóvenes adolescentes, jóvenes universitarios y jóvenes adultos, ya que capacita para una vida de discipulado, cuyo objetivo es la "intimidad con Jesucristo".[75] Los conocimientos compartidos en el proceso catequético se dan para ayudar a enamorarse más profundamente de Jesús y para modelar la propia vida según la suya. El Papa Francisco señala la importancia clave de la catequesis con los jóvenes arraigados en Jesucristo, recordándonos que:

Cualquier proyecto formativo, cualquier camino de crecimiento

---

75. Juan Pablo II, *Catechesi Tradendae*, 1979, no. 5.

para los jóvenes, debe incluir ciertamente una formación doctrinal y moral. Es igualmente importante que esté centrado en dos grandes ejes: uno es la profundización del *kerygma*, la experiencia fundante del encuentro con Dios a través de Cristo muerto y resucitado. El otro es el crecimiento en el amor fraterno, en la vida comunitaria, en el servicio.[76]

La catequesis evangelizadora tiene muchas expresiones. Por ejemplo, la formación puede y debe tener lugar en el hogar cuando los padres, abuelos y familias comparten la fe católica con sus hijos e hijas; también puede tener lugar en la educación religiosa o en los salones de clase, en los ministerios para jóvenes adolescentes o jóvenes adultos, en grupos de diálogo informales, conversaciones individuales, presentaciones dinámicas, aprendizaje en línea y en el proceso posterior a algún evento, a través del arte visual, el teatro o la música, y durante la preparación sacramental para la Confirmación, el Matrimonio o el Bautismo de niños y jóvenes adultos. Hay muchos estilos de aprendizaje y métodos educativos que pueden utilizarse en la proclamación de la fe. El *Directorio para la Catequesis* articuló las tareas para la catequesis, modelando la manera en que Jesús formó a sus propios discípulos: "conduce al conocimiento de la fe; inicia en la celebración del Misterio; forma a la vida en Cristo; enseña a orar e introduce a la vida comunitaria".[77]

Los líderes pastorales que acompañan a los jóvenes, en común con sus familias, comparten la fe como se indica en el *Catecismo de la Iglesia Católica*. Esto incluye una presentación de la vida y las enseñanzas de Jesucristo y todas las Escrituras; la celebración de la fe a través de la oración, la liturgia y los sacramentos, arraigados en la comunidad de la Iglesia; nuestras enseñanzas morales y éticas, basadas en los Diez Mandamientos y las Bienaventuranzas; la Doctrina Social Católica; y la llamada del Señor a cada persona para que asuma su vocación y misión en el mundo. Formar a los jóvenes en el arte del discernimiento[78] también es fundamental, ya que este proceso puede hacer que su camino

---

76. *CV*, no. 213.
77. Directorio para la Catequesis, no. 79.
78. Ver *Christus Vivit*, capítulo 9 (párrafos 278-298) para conocer las aportaciones del Papa Francisco sobre el arte del discernimiento.

vocacional, el desarrollo de su conciencia y la toma de buenas decisiones en la vida sean más fructíferos y orientados hacia el Evangelio.

La formación integral en la fe debe involucrar también a diversas personas a medida que el joven madura hacia la edad adulta. Los padres son los principales catequistas, y su ministerio se ve complementado y apoyado por otros miembros de la familia, en particular los abuelos y los ancianos, otros adultos de confianza de la comunidad, pastores y agentes de pastoral, profesores y mentores. Esta extensa lista pone de relieve que los ministerios con jóvenes se enriquecen cuando son ampliamente intergeneracionales e interculturales. Las familias necesitan apoyo en la formación de los jóvenes, y el testimonio y la generosidad de otras personas de la comunidad pueden ayudar en el crecimiento de los jóvenes a largo plazo. La Sierva de Dios, Hna. Thea Bowman, FSPA nos lo recordó diciendo: "Se necesita toda la Iglesia",[79] y "la Iglesia es una familia de familias y la familia tiene que permanecer unida y…si caminamos y hablamos y trabajamos y jugamos y permanecemos unidos en el nombre de Jesús –seremos quienes decimos ser– verdaderamente católicos".[80] Las familias evangelizan a las familias, y esta mutualidad misionera es un medio eficaz para la formación en la fe de los jóvenes dentro de esas familias.

## Compartir la verdad con amor

Dado que la adolescencia comienza con la pubertad y que la edad de la juventud adulta está a menudo marcada por el noviazgo, el matrimonio y la paternidad, es esencial que los jóvenes reciban una clara proclamación de la doctrina de la Iglesia sobre la sexualidad humana para ayudarlos a navegar por las transiciones importantes de la vida. Debemos compartir la verdad con amor, con calidez y preocupación genuina. Además, ayudar a los jóvenes a apreciar la importancia de la razón y el discernimiento frente a las emociones durante estos años formativos puede ser increíblemente beneficioso. De hecho, una comprensión básica de la doctrina de la Iglesia sobre la sexualidad humana, tal como la explicó

---

79. Adaptado del proverbio ghanés "Se necesita un pueblo para criar a un niño". Citado en *Renovando la Visión*, p. 61.
80. Hna. Thea Bowman address to the U.S. bishops' conference [Discurso ante la Conferencia Episcopal de los EE. UU.] (solo en inglés). Junio de 1989, p. 5.

San Juan Pablo II en sus escritos sobre la "Teología del Cuerpo", es esencial para los jóvenes adolescentes, jóvenes universitarios y jóvenes adultos, para que puedan "reconocer y aceptar su identidad sexual"[81] y puedan plantearse las elecciones que hacen, no como un "no al sexo", sino como un "sí" a la belleza y al don que Dios tiene para ellos. Esto incluye comunicar la distinción entre lujuria y amor, y el testimonio personal para superar los deseos sexuales desordenados. Eso se consigue en la castidad. La catequesis evangelizadora en el ámbito profundamente personal de la sexualidad incluye dar testimonio de opciones virtuosas y compartir el testimonio de la Palabra de Dios en la Escritura y la Tradición sobre el uso correcto de la sexualidad según el estado de vida de cada uno. Éstas revelan con amor las razones por las que la actividad sexual es inseparable del matrimonio y de la disposición a tener hijos, por qué hay que apreciar la verdad y la belleza de la fertilidad, por qué la anticoncepción daña el designio de Dios para el amor conyugal y por qué la pornografía es perversa. Además, proporcionan el fundamento para la aceptación por parte de la Iglesia de los métodos de Planificación Familiar Natural.[82] Ha sido alentador ver recursos innovadores e inspiradores de ministerios dedicados a ayudar a los jóvenes a vivir la virtud de la castidad.

Las enseñanzas de la Iglesia con respecto a la sexualidad humana son claras: cada persona es amada y valorada, sin embargo, la actividad sexual entre personas del mismo sexo y cualquier acto sexual fuera del matrimonio son rechazados por ser un pecado. Intentamos acompañar y formar con amor a quienes experimentan atracción por personas del mismo sexo o son sexualmente activos fuera del matrimonio, de un modo que sea relevante para sus deseos y fiel a las enseñanzas de la fe. Muchos jóvenes que luchan de esta manera no creen que la Iglesia sea el lugar adecuado para ellos; y a veces los miembros de las comunidades de fe pueden reaccionar con prejuicios y no estar preparados para ofrecer un apoyo afectuoso. Como resultado, la Iglesia pierde la presencia de muchos jóvenes, no sólo de los que sienten atracción por el mismo sexo, tienen discordancia de género o son sexualmente activos, sino también de otros que comprenden sus sufrimientos y, sin embargo, son

---

81. CiC 2333.
82. Ver *Llamados a la Alegría del Amor,* (Editorial USCCB, 2021), pp. 19, 20.

incapaces de ofrecer un testimonio que permita a otros jóvenes superar esos sufrimientos.[83] La Iglesia, por consiguiente, debe acoger y ofrecer un lugar de escucha, de sanación y de comunicación de la verdad del Evangelio a todos los jóvenes. Tenemos un Dios que está dispuesto a correr detrás de nosotros, incluso cuando vamos en dirección equivocada, como los dos discípulos que se dirigían inicialmente a Emaús.

En relación con esto, reconocemos que muchas de las enseñanzas sociales de la Iglesia sobre temas como el aborto, la bioética, la pena de muerte, la eutanasia, la inmigración, la guerra, la delincuencia, la ecología, la vida familiar y el acceso a la atención médica pueden resultar desafiantes para las perspectivas políticas de los jóvenes. Los líderes pastorales y las familias deben mostrar valor para hablar de estas verdades con amor y paciencia, así como compartir con los jóvenes la responsabilidad de defender la vida y la dignidad de todas las personas en la sociedad.

También nos dirigimos a los jóvenes, especialmente a los jóvenes discípulos fieles que han experimentado personalmente diversas luchas relacionadas con estas cuestiones morales, sociales y éticas, para que ayuden a las comunidades católicas a reflejar y comunicar con más amor lo que Dios ha revelado sobre la dignidad de la persona humana, el deseo sexual, la correcta relación con los demás, la justicia social y la llamada universal a la santidad para todos.[84] Los familiares y amigos que acompañan a los jóvenes pueden responder a temas desafiantes como éstos con verdad, humildad, claridad y caridad.[85] No se puede mantener una conversación fructífera sobre estos temas y decir la verdad con amor sin contar con la dirección del Espíritu Santo y, en la medida de lo posible, centrar la conversación en Jesucristo, que vino para que sus discípulos "conocerán la verdad y la verdad los hará libres" (Jn 8,32). Este importante y paciente proceso conduce a una adecuada formación de la conciencia, al desarrollo de una conciencia que este "nutrida en la oración, iluminada por el estudio, estructurada por el Evangelio y

83. Para ver más, revisar *Ministerio a las personas con inclinación homosexual,* (Editorial USCCB, 2006).
84. Ver CIC 2359.
85. Ver *Llamados a la Alegría del Amor,* p. 36-37.

guiada por las enseñanzas de la Iglesia".[86] El ministerio de la catequesis y de la formación de las conciencias, si se lleva a cabo correctamente, puede ofrecer a los jóvenes una presentación sistemática de la fe para que comprendan realmente lo que significa ser discípulo misionero de Cristo: alejarse del pecado y ser fieles al Evangelio de Jesús y a las tradiciones de la Iglesia.

Hay una gran virtud en ayudar a los jóvenes a reivindicarse y apropiarse de los valores de su fe y a aprovechar el eterno testimonio y la sabiduría de los santos, "para que estén mejor preparados para dar testimonio del reino de la verdad en el mundo".[87] Los jóvenes pueden comprobar por sí mismos que la fe y la razón nunca se oponen, sino que más bien "la fe y la razón (*Fides et ratio*) son como las dos alas con las cuales el espíritu humano se eleva hacia la contemplación de la verdad". [88] Del mismo modo, una buena formación con los jóvenes puede disipar la falsa afirmación de que la ciencia y la fe se oponen o de que la ciencia refuta a Dios o las doctrinas o dogmas de la Iglesia católica. Cuando las verdades reveladas por Dios no concuerdan con las suposiciones comunes en las culturas en las que viven los jóvenes o con las presuposiciones que ellos puedan tener, esas verdades necesitan ser explicadas "con suavidad y respeto" (1 Pe 3,16), sin diluir la fe o evitar las cuestiones por completo. Los padres y los líderes pastorales están llamados a conocer la mejor manera de responder a estos desafíos, con el apoyo de sus obispos y párrocos locales.

Todos los que catequizan están llamados a ser *testigos* de la fe católica, maestros y acompañantes,[89] guiados por el Espíritu Santo "verdadero protagonista de toda auténtica catequesis".[90] Por las virtudes y las acciones fieles de un padre o de un responsable de pastoral, un joven podrá ver cómo se ha de vivir la fe católica, incluso ante las incertidumbres y los desafíos.

---

86. *Empowered by the Spirit: Campus Ministry Faces Its Future* [Fortalecidos por el Espíritu: La Pastoral Universitaria ante su futuro] (USCCB, 1985), no. 63.
87. *Fortalecidos por el Espíritu*, no. 53.
88. Juan Pablo II, carta encíclica *Fides et Ratio* (1998), prefacio.
89. Ver Directorio para la Catequesis, no. 113.
90. Ibid., no. 112.

## Renovar la vida sacramental

Fue "al partir el pan" (Lc 24,35) cuando los dos discípulos que se dirigían a Emaús reconocieron por fin a Jesús. La importancia decisiva de la revelación eucarística en el relato de esta historia nos recuerda que los encuentros sacramentales son momentos clave en la formación y el acompañamiento.

Los ministerios con jóvenes ofrecen oportunidades para invitar a los jóvenes a las celebraciones litúrgicas y sacramentales que les ayuden a comprender y recibir la verdadera presencia de Cristo en sus vidas. Los líderes pastorales y las familias pueden transmitir a los jóvenes cómo el Bautismo, la Confirmación y la Eucaristía – sus Sacramentos de Iniciación en la familia de la Iglesia – "ponen los *fundamentos* de toda vida cristiana".[91] La prominencia de la vida sacramental en estos ministerios revela cómo Jesús continúa la obra de "de curación y de salvación"[92] en los sacramentos de la Reconciliación y la Unción de los Enfermos. Las gracias del Orden y del Matrimonio, a las que a menudo se accede en la edad adulta, "están ordenados a la salvación de los demás".[93] Así pues, la gran amplitud de la vida sacramental y el cimiento en las Escrituras son claves para cualquier trabajo pastoral eficaz con las generaciones más jóvenes, ya que tienen el poder transformador de sanar gran parte de lo que los jóvenes afrontan hoy en día. En este sentido, recordamos al Beato Carlos Manuel Rodríguez Santiago ("Beato Carlos"), un catequista laico de Puerto Rico cuya pasión por los jóvenes y cuyo amor por la vida sacramental y las Escrituras ayudaron a formar a los jóvenes en el aprecio activo y la conexión de la liturgia y los sacramentos con su vida cotidiana.

Por encima y más allá de cualquier cosa que hagamos en este mundo para escuchar y enseñar está la gracia de Dios, maravillosamente ofrecida en la Eucaristía, entregada gratuitamente para nuestra salvación y transformación. Nuestro trabajo es presentar a los jóvenes este don, facilitar este encuentro sagrado de cualquier manera que podamos, para que Cristo pueda encontrarse con nosotros. Este es el máximo momento de enseñanza.

Los jóvenes están llamados a una relación personal con Dios, pero

---

91. CIC 1212.
92. Ibid., 1421.
93. Ibid.,1534.

no individualista. La comunidad eucarística nos lo recuerda. Los jóvenes están invitados a formar parte de una familia de fe y a fortalecerla mediante su participación en la vida de la Iglesia. La obra salvífica de Jesús, realizada a través de su sufrimiento, Muerte, Resurrección y Ascensión, continúa preeminentemente en los sacramentos. "La liturgia de la Iglesia, por su misma naturaleza como anuncio y promulgación de la Buena Nueva de la salvación, es un acto evangélico".[94] A través del testimonio y la invitación de otros discípulos, los jóvenes pueden entrar en una participación plena, activa y consciente en la Misa. La vida sacramental ofrece una base sólida para lo que viene después.

San Pablo VI escribió que "la finalidad de la evangelización es precisamente la de educar en la fe, de tal manera, que conduzca a cada cristiano a vivir –y no a recibir de modo pasivo o apático– los sacramentos como verdaderos sacramentos de la fe".[95] Esto es especialmente importante teniendo en cuenta las muchas transiciones que se producen en la juventud y en la edad adulta joven. Dondequiera que estén, Jesucristo está siempre presente para ellos en los Sacramentos, especialmente en la Eucaristía, que "es el compendio y la suma de nuestra fe".[96] En estas experiencias sacramentales, los jóvenes pueden tener un renovado sentido de pertenencia, sabiendo que Cristo y la Iglesia están siempre presentes para ellos, "hasta el fin del mundo" (Mt 28,20). No se puede escapar a este amor. Es lo que los dos discípulos de Emaús vieron en la fracción del pan, el acto que apunta siempre a la Cruz, a la muerte sacrificial del Señor, al amor divino hasta la muerte. Esto es lo que esperamos que los jóvenes puedan llegar a comprender del Señor en la vida sacramental de la Iglesia.

## De la enseñanza a la misión

Al proclamar el *kerigma*, transmitir una catequesis evangelizadora, compartir la verdad en el amor y ayudar a las personas a encontrarse con Jesús en la Eucaristía, los ministerios con jóvenes adolescentes, jóvenes universitarios y jóvenes adultos pueden fomentar el crecimiento de una relación con la Santísima Trinidad, quién "infundió en nuestros corazones

---

94. Viviendo como Discípulos Misioneros, p. 17.
95. Pablo VI, exhortación apostólica *Evangelii Nuntiandi* (*EN*) (1975), no. 47.
96. CIC 1327.

el Espíritu de su Hijo, que clama a Dios llamándolo» ¡Abba!, es decir, ¡Padre! Así, ya no eres más esclavo, sino hijo, y por lo tanto, heredero por la gracia de Dios" (Gal 4,6-7). A medida que equipamos a los jóvenes con la verdad de la luz radiante de Cristo y los acompañamos y orientamos pacientemente con la guía del Espíritu Santo, podrán crecer en la misión a la que Dios les ha llamado. Enseñamos a los jóvenes para que tengan las herramientas necesarias para embarcarse en su misión y vocación, a través de esta obra misionera, en cualquiera de sus formas. Además de los Evangelios, el Rosario ofrece otra oportunidad para acompañar personalmente a un joven en su camino espiritual. Como nos decía San Juan Pablo II, "con él, el pueblo cristiano aprende de María a contemplar la belleza del rostro de Cristo y a experimentar la profundidad de su amor".[97] En resumen, la acción principal de los líderes pastorales fieles y de las familias que acompañan a los jóvenes es "dar testimonio del Evangelio en todas partes, con su propia vida".[98]

De hecho, el Evangelio contiene la historia más grande de todos los tiempos, el amor de Dios por la humanidad hecho posible a través del "sí" de una joven (María), por medio de la cual Jesús, "la Palabra se hizo carne" (Jn 1,14), vino al mundo. Los jóvenes necesitan ver este mensaje vivo en las acciones de los ministros de pastoral que viven como fuertes testigos fieles del Evangelio y oír este mensaje declarado explícita y audazmente. "La Buena Nueva proclamada por el testimonio de vida deberá ser pues, tarde o temprano, proclamada por la palabra de vida. No hay evangelización verdadera, mientras no se anuncie el nombre, la doctrina, la vida, las promesas, el reino, el misterio de Jesús de Nazaret Hijo de Dios".[99] Con este motivo, recordamos al Beato Carlo Acutis, un adolescente italiano que, en pleno siglo XXI, compartió la Buena Nueva de la presencia de Cristo en la Eucaristía a través de los medios de comunicación digitales. Su conocimiento y comprensión de la fe, incluso a una edad temprana, le dieron la confianza y la motivación para emprender su misión.

La comunidad católica es una comunidad en salida, que lleva la luz de Cristo al mundo. Los llamados a la pastoral con jóvenes actúan

---

97. Juan Pablo l II, carta apostólica *Rosarium Virginis Mariae* (2002), no. 1.
98. *CV*, no. 175.
99. *EN*, no 22.

a través de la Iglesia e invitan con valentía a aquellos a quienes sirven a abrazar la Iglesia, a "vivir la fe juntos" y a "expresar nuestro amor en una vida comunitaria".[100] En la transmisión de la fe a los jóvenes a través del acompañamiento de sus familias, amigos y responsables pastorales, avanzamos con los jóvenes hacia la misión de la Iglesia, para que podamos, a su vez, llevar la luz de Cristo allí donde vayamos –de ahora en adelante.

---

100. *CV*, no. 164.

# Tercera parte: Envía

*En ese mismo momento, se pusieron en camino*
*y regresaron a Jerusalén (Lucas 24,33)*

Al partir el pan, Jesús enciende los corazones de los dos discípulos de camino a Emaús. Exclaman con alegría cuando desaparece de su presencia: "¿No ardía acaso nuestro corazón, mientras nos hablaba en el camino y nos explicaba las Escrituras?" (Lc 24,32).

En ese mismo momento, se lanzan a la misión de compartir la Buena Nueva de Cristo resucitado con todo el que quiera escucharlos (ver Lc 24,33-35). En esto, Cristo ha desaparecido dentro de la misión de la Iglesia.[101] A través de este milagro, descubrimos que es Dios quien hace fructífera nuestra labor misionera.

Del mismo modo, uno de los objetivos del acompañamiento de la Iglesia a los jóvenes es guiarlos hacia su misión de transformar el mundo hacia el Reino de Dios. San Juan Pablo II dijo a los jóvenes reunidos en Denver, Colorado, para la Jornada Mundial de la Juventud,

---

101. Ver Hans Urs von Balthasar, *The Office of Peter and the Structure of the Church* [El Oficio de Pedro y la Estructura de la Iglesia] (Ignatius Press, 1986), 168, and *Theo-Drama: Theological-Dramatic Theory*, vol. III [Teo-Drama: Teoría Teológico-Dramática, volúmen III] (Ignatius Press, 1978), p. 350.

"No tengáis miedo de salir a las calles y a los lugares públicos… No es tiempo de avergonzarse del Evangelio… Es tiempo de predicarlo desde los terrados… Debéis ir a «los cruces de los caminos» (Mt 22,9) e invitar a todos los que encontréis al banquete que Dios ha preparado para su pueblo".[102] El Papa Francisco también animó a los jóvenes en la Jornada Mundial de la Juventud de Cracovia, Polonia, diciendo: "El tiempo que hoy estamos viviendo no necesita jóvenes-sofá… El mundo de hoy pide que seáis protagonistas de la historia porque la vida es linda siempre y cuando queramos vivirla, siempre y cuando queramos dejar una huella".[103] Esta es la misión que Jesús ofrece a nuestros jóvenes.

Al igual que los discípulos de camino a Emaús, el momento de esa misión es inmediato. San Lucas nos dice que "en ese mismo momento, se pusieron en camino" (Lc 24,33) para su nueva misión, a pesar de lo avanzado de la hora y de las condiciones oscuras y peligrosas a las que podrían enfrentarse (ver Lc 24,29). Cristo envía hoy a los jóvenes con un sentido similar de inmediatez. "La prisa de la joven de Nazaret es la de quienes han recibido dones extraordinarios del Señor y no pueden dejar de compartir, de hacer desbordar la inmensa gracia que han experimentado".[104] Así pues, el resultado de nuestros ministerios debe orientar a los jóvenes hacia su misión, motivándolos a ir hacia donde Cristo les llama. La Iglesia, tras haberlos escuchado y enseñado, los anima ahora a elegir seguir el camino que Dios les ha ofrecido para sus vidas.

## Testigos audaces de la evangelización

Al reconocer y comprender al Señor en medio de ellos, la primera misión de los dos discípulos del relato de Emaús fue compartir la Buena Nueva que "Vive Cristo,"[105] un mensaje que sigue resonando a través de los tiempos. Este testimonio evangelizador es el punto de partida de toda misión cristiana. Así como es fundamental anunciar a Cristo a los jóvenes, es igualmente importante equipar a los jóvenes para anunciar a Cristo al mundo. "Si sabemos escuchar lo que nos está diciendo el Espíritu, no

---

102. Juan Pablo II, Homilía de la Celebración Eucarística para la VIII Jornada Mundial de la Juventud, Parque Estatal Cherry Creek, Denver (LEV, 1993), no. 6.
103. Papa Francisco, Discurso del Santo Padre para la Vigilia de Oración con los Jóvenes con ocasión de la XXXI Jornada Mundial de la Juventud, Campus Misericordiae, Kraków (LEV, 2016).
104. Papa Francisco, Mensaje del Santo Padre para la XXXVII Jornada Mundial de la Juventud (LEV: 2022).
105. *CV*, no. 1.

podemos ignorar que la pastoral juvenil debe ser siempre una pastoral misionera".[106] Antes de subir al Padre, Jesús dijo a sus apóstoles: "Vayan, y hagan que todos los pueblos sean mis discípulos" (Mt 28,19), y esta Gran Comisión se extiende a lo largo de los siglos porque "La Iglesia peregrinante es misionera por su naturaleza".[107] Cuando un joven ha llegado a reconocer a Cristo en medio de él, gracias a los esfuerzos de los líderes pastorales y de las familias que le acompañan, se deduce que querrá compartir ese encuentro gozoso con los demás, especialmente con otros jóvenes.

La Iglesia reconoce desde hace tiempo que los jóvenes son excelentes evangelizadores y testigos del Evangelio entre sus compañeros, muchos de los cuales necesitan la Buena Nueva en sus vidas. El Concilio Vaticano II señaló que los jóvenes "deben convertirse en los primeros e inmediatos apóstoles, de los jóvenes, ejerciendo el apostolado entre sí, teniendo en consideración el medio social en que viven".[108] Cristo anhela encontrarse con todos los jóvenes, incluidos los menos activos en la práctica de la fe. Los jóvenes pueden dejar que el Señor actúe a través de ellos cuando escuchan con amor a sus compañeros, comparten el Evangelio de forma que tenga sentido para su generación y ablandan los corazones para que escuchen la llamada de Dios.

Cuando Jesús llamó a los Doce Apóstoles, los envió de dos en dos a afrontar dificultades, peligros e incluso la muerte (ver Mt 10,1-15). Del mismo modo, los ministerios de la Iglesia con los jóvenes pueden capacitar a los jóvenes para ser enviados en esta misión evangelizadora hacia lo desconocido, sin retenerlos pensando que requieren una edad avanzada o experiencia o protegiéndolos de la incomodidad o el rechazo. En este sentido, recordamos el ejemplo del Beato Isidoro Bakanja, un joven laico del Congo que, evangelizado por misioneros cistercienses, "fue torturado durante largo tiempo por haber propuesto el cristianismo a otros jóvenes".[109] En 1909, a la edad de veintidós años, fue martirizado por su testimonio audaz y evangelizador de Jesucristo.

Las familias y los ministerios con jóvenes de hoy deben animar a cada

---

106. *CV*, no. 240; en el documento en inglés las palabras «y joven adulto» se añaden por razones de contexto en los Estados Unidos.
107. Concilio Vaticano Segundo, Decreto *Ad Gentes*, no. 2.
108. Concilio Vaticano Segundo, Decreto *Apostolicam Actuositatem*, no. 12.
109. *CV*, no. 59.

joven a asumir este espíritu entusiasta, "aun los más débiles, limitados y heridos" y adopten una actitud misionera en todas las interacciones de su vida, "porque siempre hay que permitir que el bien se comunique, aunque conviva con muchas fragilidades".[110] La Iglesia florece cuando los jóvenes deciden compartir a Cristo con sus compañeros y con los más jóvenes, e incluso evangelizar a sus padres y a las generaciones mayores. El Papa Francisco señaló que "pues si uno de verdad ha hecho una experiencia del amor de Dios que lo salva, no necesita mucho tiempo de preparación para salir a anunciarlo".[111]

## Con caridad y justicia

La proclamación del *kerigma* significa también compartir el mandato del Señor de ofrecer comida y ropa a los necesitados, de cuidar y estar presentes ante los que sufren o están encarcelados, y de acoger al forastero, pues como dijo Jesús, "les aseguro que cada vez que lo hicieron con el más pequeño de mis hermanos, lo hicieron conmigo" (Mt 25,40). El Papa Francisco nos recuerda que "el compromiso social y el contacto directo con los pobres siguen siendo una ocasión fundamental para descubrir o profundizar la fe y discernir la propia vocación".[112] Las obras de caridad y de justicia emanan naturalmente de la evangelización.

Es importante animar a los jóvenes cuyos corazones arden por Cristo a acercarse a los marginados de la sociedad, la misma compañía que Jesús mantuvo. Esto significa ayudar a los jóvenes a implicarse en las comunidades abrumadas por la pobreza, la violencia y la degradación ecológica; con las madres, los padres y las familias que atraviesan el camino del embarazo; con los que se encuentran en la frontera y en los desplazamientos de inmigrantes y refugiados; en el seno de familias culturales afectadas por los prejuicios, el racismo y la disparidad de recursos; y con los que carecen de sistemas de apoyo, incluidas las personas con discapacidad y las afectadas por problemas de salud mental. No podemos fomentar el miedo o la indiferencia ante las tragedias que sufren tantas personas, sino que debemos fomentar la alegría y la participación activa.

---

110. Ibid., no. 239.
111. *EG*, no. 120.
112. *CV*, no. 170.

En este sentido, reflexionamos sobre el ministerio del Venerable Augustus Tolton, el primer sacerdote de ascendencia africana reconocido en los Estados Unidos que, siendo un joven adulto de treinta y pocos años, asumió su misión de servir a las comunidades marginadas contra una gran adversidad y racismo. "Tolton nos recuerda el valor que llevamos dentro para seguir trabajando por la solidaridad racial y étnica, erradicando al mismo tiempo toda forma de reticencia e intolerancia".[113] El ejemplo del Padre Tolton es un testimonio de las formas en que los jóvenes de hoy pueden utilizar sus dones: "la vocación laical es ante todo la caridad en la familia, la caridad social y la caridad política: es un compromiso concreto desde la fe para la construcción de una sociedad nueva, es vivir en medio del mundo y de la sociedad para evangelizar sus diversas instancias, para hacer crecer la paz, la convivencia, la justicia, los derechos humanos, la misericordia, y así extender el Reino de Dios en el mundo".[114]

Equipar a los jóvenes para la justicia y para el compromiso en obras de caridad [115] son componentes clave de los ministerios de la Iglesia con los jóvenes, contribuyendo al impulso misionero de las comunidades de fe. "Los educadores y los formadores que, en la escuela o en los diferentes centros de asociación infantil y juvenil, tienen la ardua tarea de educar a los niños y jóvenes, están llamados a tomar conciencia de que su responsabilidad tiene que ver con las dimensiones morales, espirituales y sociales de la persona".[116] Cuando los jóvenes amplían sus perspectivas y deciden salir al mundo, Cristo los envía a transformar la sociedad a su imagen. Como líderes pastorales, padres y familias, nuestro trabajo es dar a los jóvenes las herramientas[117] que necesitarán para responder a esta invitación radical del Señor a través de obras de caridad y justicia social.

---

113. Obispo Joseph N. Perry, "Sobre el P. Augustus Tolton", Arquidiócesis de Chicago: Causa de Canonización de Augustus Tolton, https://tolton.archchicago.org/about/biography (solo en inglés).

114. *CV*, no. 168.

115. La USCCB promueve "Los Dos Pies del Amor en Acción" con la promoción tanto de obras de caridad (abordando necesidades inmediatas y prestando ayuda de emergencia) como de justicia social (abordando causas sistémicas y profundas que afectan a muchas personas). Más información en https://www.usccb.org/beliefs-and -teachings/what-we-believe/catholic-social-teaching/two-feet-of-love-in-action (con recursos en español).

116. Papa Francisco, carta encíclica *Fratelli Tutti*, no. 114.

117. Estas "herramientas" son mejores cuando son desarrolladas localmente por líderes pastorales, apoyados por los recursos ministeriales de organizaciones nacionales, movimientos y otras comunidades comprometidas en el trabajo por la paz y la justicia.

## Discernimiento vocacional

Al igual que los discípulos de Emaús siguieron su propio camino de vuelta a Jerusalén, los jóvenes y los adultos jóvenes de hoy tienen ante sí un camino que conduce a su salvación. La labor de la Iglesia es apoyar a cada joven en su discernimiento de un camino vocacional. La vocación, en sentido amplio, es un "llamado al servicio misionero de los demás. Somos llamados por el Señor a participar en su obra creadora, prestando nuestro aporte al bien común a partir de las capacidades que recibimos"[118]. Para ello, nos fijamos en el ejemplo de Santa Teresa de Lisieux en el siglo XIX, cuyo camino la llevó a la vida religiosa consagrada con la comunidad carmelita. Al reflexionar sobre su vida, dijo, "oh Jesús, Amor mío, (...) por fin he encontrado mi vocación. Mi vocación es el amor".[119]

Esto es lo que todo joven tiene ante sí: la oportunidad de ser "amor" para el mundo. Los ministerios con jóvenes adolescentes, jóvenes universitarios y jóvenes adultos pueden ayudar a los jóvenes a escuchar la voz de Dios, a discernir su vocación; "hay algo más que una mera elección pragmática nuestra. Es en definitiva reconocer para qué estoy hecho, para qué paso por esta tierra, cuál es el proyecto del Señor para mi vida".[120] Este discernimiento se lleva a cabo con el acompañamiento afectuoso y la guía de los agentes de pastoral en la Iglesia que, siguiendo el impulso del Espíritu Santo en sus propias vidas, comparten con los jóvenes una paz y una alegría que el mundo no puede dar (ver Jn 14,27).

La primera vocación a la que todos estamos invitados, y que los líderes pastorales y las familias pueden enfatizar con los jóvenes, es la llamada universal a la santidad. Empieza desarrollando una santa amistad con Jesús, "ese es el discernimiento fundamental,"[121] inspirando la verdadera amistad con los demás. La santidad no consiste sólo en *hacer*, sino también en *ser*: ser hijo del Padre, ser amigo de Jesús y ser templo del Espíritu Santo. Ver a todos los demás como hermanos y hermanas en Cristo crea una nueva perspectiva – "es una invitación a llevar un sentido más acentuado de la presencia de Jesucristo al ritmo cotidiano".[122] Cultivando

---

118. *CV*, no. 253.
119. Teresa de Lisieux, *Historia de un Alma: La Autobiografía de Santa Teresa de Lisieux* (ICS Publications), capítulo 11.
120. *CV*, no. 256.
121. Ibid., no. 250.
122. *Hijos e Hijas de la Luz: Plan Pastoral para el Ministerio con Jóvenes Adultos* (USCCB, 1996), p. 18.

una vida de oración, podemos escuchar, discernir y responder a la voz de Dios. Fomentar una relación activa y contemplativa con Dios es esencial para los ministerios con jóvenes, con el apoyo amoroso de la familia, la cultura y la comunidad.

Una apertura orante puede dar lugar a un discernimiento profundo, proporcionando una oportunidad para que un joven sea transformado por Cristo y reconozca la obra de Dios en su vida, en su historia personal y en el mundo que lo rodea.[123] Con la fuerza del Espíritu, nos apartamos del pecado y crecemos en virtud, uniéndonos a la Iglesia, la familia de Dios en la tierra, en su misión de "la edificación de una auténtica civilización de la verdad y del amor".[124] Entendemos la vocación en este sentido más amplio, arraigada en el Bautismo y vivida en el matrimonio, la soltería, el trabajo, el sacerdocio y otras formas de consagración.[125] Es vital creer que Dios quiere nuestra felicidad. Lo que hará que los jóvenes encuentren alegría y felicidad es ser capaces de discernir su misión y luego llevarla a cabo. Será diferente para cada persona, que está destinada a llevar el amor de Cristo al mundo a su manera distintiva. Una vez discernida en la oración, nuestra labor pastoral consiste en facilitar el camino guiados por el Espíritu Santo, invitándolos siempre a profundizar.

Ser joven es también un tiempo de autodescubrimiento y exploración. La comunidad de fe y sus ministerios, así como las familias de los jóvenes, pueden participar activamente en la afirmación de los dones que Dios ha dado a un joven y en la provisión de oportunidades para que esos dones se ejerzan en su vocación. Ser joven "es el momento privilegiado para tomar las decisiones de la vida y para responder a la llamada de Dios," y, por lo tanto, todos los ministerios con los jóvenes deben "cualificar vocacionalmente la pastoral juvenil".[126] En todas las épocas de la historia, los jóvenes se han planteado preguntas similares: ¿Por qué estoy aquí? ¿Qué debo hacer? ¿Quién estoy llamado a ser? ¿Adónde estoy llamado a ir? ¿Cómo puedo utilizar mis dones? ¿Cómo puedo hacer del mundo un lugar mejor? Estas preguntas fundamentales pueden alimentar el proceso de discernimiento vocacional. Los ministerios con jóvenes

---

123. Ver *CV*, no. 282.
124. Juan Pablo II, carta encíclica *Evangelium Vitae* (1995), no. 6.
125. Ver *CV*, no. 259-276.
126. Documento Final la XV Asamblea General, no. 140.

adolescentes, jóvenes universitarios y jóvenes adultos comparten el "arte del discernimiento" para ayudarles a responder a la llamada de Dios. "Un buen discernimiento es un camino de libertad que hace aflorar eso único de cada persona, eso que es tan suyo, tan personal, que sólo Dios lo conoce".[127] Una pastoral eficaz guía a los jóvenes para que elijan cómo transformar el mundo a través del don de sus vidas. Debemos alimentar y hacer crecer con regularidad una cultura de vocación y discernimiento en todos los ámbitos y actividades en los que participan los jóvenes: en sus hogares, en sus parroquias, en sus instituciones educativas, en su vida profesional y entre sus compañeros.

A los jóvenes se les deben presentar experiencias positivas para que puedan aprender de quienes viven con alegría su vocación: matrimonios fieles, sacerdotes devotos y mujeres y hombres consagrados, y católicos activos de todas las generaciones que infunden la luz del Evangelio en su trabajo y en las actividades de su vida. Los líderes pastorales, los agentes vocacionales y las familias pueden invitar a los jóvenes a considerar todas las formas en las que Dios puede estar llamándolos en la vida: como sacerdote o religioso consagrado, como diácono o ministro eclesial laico, como persona casada o como persona soltera que responde a su llamada bautismal a la santidad. A través de este proceso, podemos guiar a un joven con "valentía, el cariño y la delicadeza" para "discernir las palabras salvadoras del buen Espíritu".[128]

## Protagonistas fieles, *"el ahora de Dios"*
Aun cuando Cristo llama a muchas personas a su vocación para el futuro dentro de su juventud y juventud adulta, la noción de que ellos son sólo la Iglesia del *mañana* puede ignorar el hecho de que los jóvenes están impactando a la Iglesia y al mundo de *hoy*. Una de las tareas de los ministerios con las generaciones más jóvenes es animar a los jóvenes a ser una "parte viva de la Iglesia, protagonistas de su misión"[129] y corresponsables activos en su fe en este mismo momento.

La Iglesia busca que surjan jóvenes dedicados que opten por llevar esperanza a un mundo cansado y sean portadores del amor del Señor

---

127. *CV*, no. 295.
128. Ibid., no. 293.
129. Papa Francisco, Ángelus, 21 de noviembre de 2021.

en situaciones cargadas de ansiedad, odio y polarización, a menudo de maneras propias de su generación y cultura. Aunque reconocemos que "protagonismo" es una palabra única para nuestros oídos estadounidenses, es una palabra que el Papa Francisco utiliza en muchas ocasiones para describir a los líderes jóvenes, en particular cuando señala "que tantos jóvenes, en muchas partes del mundo, han salido por las calles para expresar el deseo de una civilización más justa y fraterna" y les anima a ser "protagonistas del cambio".[130] La Iglesia desea que los jóvenes no esperen a ser mayores para ocupar puestos de liderazgo o para retrasar su impacto en el mundo inspirados por su fe católica. Los obispos de los Estados Unidos rezamos para que los jóvenes, con sus corazones encendidos y guiados por el Espíritu Santo, comiencen ahora mismo a participar en la misión de transfigurar el mundo.

Es a través de la celebración eucarística que Dios envía a las personas a la misión cada día. Se llama "*Santa Misa* porque la liturgia en la que se realiza el misterio de salvación se termina con el envío de los fieles *("missio")* a fin de que cumplan la voluntad de Dios en su vida cotidiana".[131] Animar a los jóvenes a asistir a misa los domingos y días de precepto, e incluso a misa diaria, puede generar un impulso vocacional y misionero en sus corazones cuando los jóvenes se toman en serio la directriz de "glorifiquen al Señor con su vida, puedan ir en paz".[132] Esta conexión con la comunidad eucarística también pone de manifiesto un componente importante de la misión: volver continuamente a nuestros orígenes y recordar nuestras raíces: el hogar, la familia, la parroquia, la cultura y la comunidad.

Recordemos al Beato Pier Giorgio Frassati, un joven de la Italia del siglo XX que en su juventud y juventud adulta se comprometió en obras de justicia, caridad y solidaridad con los pobres, se sumergió en la oración diaria y en la liturgia, compartió con valentía su fe católica con sus compañeros y discernió constantemente su vocación y misión, al mismo tiempo que permanecía arraigado en su familia y en su comunidad local. Su amor a Cristo, su compromiso con la Iglesia y su devoción a la Eucaristía le dieron la fuerza y el vigor necesarios para

---

130. CV, no. 174.
131. CIC 1332.
132. Una de las bendiciones comunes que se dicen al final de la Santa Misa, en el Rito de la Despedida.

permitir que la morada del Espíritu Santo impregnara su joven vida e influyera sus acciones a medida que impactaba con el amor del Señor en las realidades de todos aquellos con los que se encontraba. Su ejemplo de acción en el momento presente puede ser una gran inspiración para los jóvenes que emprenden hoy sus propios caminos misioneros.

También hay que hacer una mención especial a las Jornadas Mundiales de la Juventud, que han reavivado la fe cristiana entre innumerables jóvenes adolescentes, jóvenes universitarios y jóvenes adultos a lo largo de los años, impulsándolos hacia el liderazgo en la Iglesia al volver a casa. Estos encuentros mundiales han inspirado a sucesivas generaciones de peregrinos a discernir sus vocaciones –a los sacramentos del Matrimonio y del Orden Sacerdotal, a la vida consagrada y a los ministerios eclesiales laicos– y a vivir su llamada bautismal a la santidad, llevando el Evangelio a casa. Los líderes pastorales y las comunidades que continúan acompañando a los jóvenes en estas y otras experiencias similares son una bendición para la Iglesia, ya que apoyan a los peregrinos jóvenes en la vivencia de su fe católica.

También nos sentimos muy alentados por los jóvenes de todo Estados Unidos que ya están dando un paso al frente como fieles "protagonistas". Estamos agradecidos por los líderes del ministerio entre compañeros y por los que se comprometen activamente en sus parroquias, universidades y diócesis/eparquías; por los que denuncian, afrontan y trabajan para derribar los sistemas de racismo y prejuicio; por los que resisten y se elevan por encima de las diversas ideologías de nuestra sociedad que están polarizando a las comunidades; por los que caminan con las madres necesitadas y con los pobres; los que abogan por una reforma migratoria, la libertad religiosa y el fin del mal del aborto; los que son administradores de la creación, abogando por la protección ecológica; los que apoyan a hombres y mujeres que sufren ansiedad, depresión y problemas de salud mental, así como a personas con discapacidades; y los que, inspirados por el silencio, la contemplación y la devoción dentro de la Iglesia, se comprometen en las obras de misericordia corporales y espirituales.[133]

---

133. Estos ejemplos proceden de varias sesiones sinodales de escucha (mencionadas anteriormente), así como de las ideas recogidas en la recopilación de recursos, *Moving Boldly into the Future* [Hacia el futuro con audacia] (Editorial USCCB, 2022). (no está disponible en español).

Incluso dentro de la vida ordinaria de un joven –en el trabajo, en la escuela, en el hogar o en la comunidad local, o en los momentos de descanso y recreación– esta actividad se manifiesta a través del testimonio silencioso de la bondad, la sensibilidad, la compasión y el ser una persona ética y moralmente responsable. Todos los jóvenes de fe están llamados a dar un paso adelante, porque el Espíritu Santo ha otorgado a cada uno de ellos dones para "fomentar la construcción del reino de Dios en el mundo contemporáneo, trayendo por consiguiente la transformación de la sociedad".[134] Desde el joven católico hasta el adolescente discapacitado, y desde el universitario atraído por la trascendencia de la liturgia hasta el joven adulto comprometido activamente en obras de justicia, esta misión es posible para todos.

Así como los discípulos en el camino a Emaús con Jesús tuvieron sus corazones convertidos por el Señor, inmediatamente se movieron hacia su misión, ya que Dios los envió a mover los corazones de todos aquellos con los que se encontrarían después. Nosotros estamos llamados a hacer lo mismo por y con los jóvenes, a enviarlos a medida que avanzan en el camino que Dios ha preparado para ellos en sus vidas.

---

134. *Hijos e Hijas de la Luz: Plan Pastoral para el Ministerio con Jóvenes Adultos*, p. 37.

# Conclusión

*Entonces los ojos de los discípulos se abrieron (Lucas 24,31)*

Muchas personas de fe han sido llamadas a acompañar a los jóvenes, a escucharlos, enseñarlos y enviarlos, guiados por el Espíritu Santo. Damos gracias a Dios por su disposición a dar un paso al frente como "guías sapientes y generosos"[135] para los jóvenes, para que las próximas generaciones conozcan la sagrada presencia de Jesús en sus vidas y reconozcan que "Vive Cristo".[136]

Este camino nos recuerda que muchos de nosotros también estuvimos acompañados por nuestros padres, familias, párrocos, profesores, mentores y amigos en la juventud y la juventud adulta, de hecho por toda la comunidad de fe, tanto visible como invisible. A nuestra manera, experimentamos una sensación de acogida, pertenencia e integración en una comunidad acogedora, donde la fe se compartía, se enseñaba y se arraigaba en nuestras vidas. Desde allí, fuimos enviados al

---

135. Papa Francisco, "Oración por los Jóvenes", *L'Osservatore Romano*, ed. semanal en lengua española, no. 15, 14 de abril de 2017.
136. *CV*, no. 1.

mundo como discípulos misioneros.[137] Habiendo recorrido ya nuestro propio camino con Jesús (ver Lc 24,15), podemos *escuchar* con humildad y amor las historias y experiencias de las generaciones más jóvenes, para que puedan reconocer a Cristo en medio de ellas. Podemos *enseñar* y compartir el amor de Jesús y la sabiduría del Evangelio, guiándolos para que lo interpreten todo a la luz de sus experiencias vividas. Y mientras sus corazones arden en su interior (ver Lc 24,32), podemos ayudarlos a escuchar la voz de Dios que los *envía* hacia su vocación y misión, por lo cual rezamos para que elijan seguir como nosotros hicimos una vez.

Nos acompañan en el espíritu mujeres y hombres santos de los Estados Unidos que, a lo largo de los siglos, también dedicaron sus vidas a ayudar a los jóvenes a encontrarse con Dios y a conocer su amor por ellos, en cooperación con el Espíritu Santo. Estos dedicados siervos de Dios, santos y figuras de sabiduría en nuestros hogares, iglesias y comunidades tuvieron "la clarividencia [que] consiste en encontrar la pequeña llama que continúa ardiendo" y "la capacidad de encontrar caminos… de reconocer posibilidades".[138] Ahora heredamos el legado que ellos recibieron de las generaciones de cristianos que les precedieron.

También recordemos que, aunque la edad y la experiencia pueden ser importantes para transmitir la fe y guiar a un joven, el Espíritu Santo habla a través de la sabiduría de los propios jóvenes. Esto no puede pasarse por alto. "Para ser creíble ante los jóvenes…reconocer en lo que dicen los demás alguna luz que la ayude [Iglesia] a descubrir mejor el Evangelio".[139] Para las generaciones mayores, esto requiere la humildad de reconocer que, cuando "caminamos juntos…podremos aprender unos de otros, calentar los corazones, inspirar nuestras mentes con la luz del Evangelio y dar nueva fuerza a nuestras manos".[140] Es un recordatorio de que los jóvenes son verdaderamente "el *ahora* de Dios".[141]

Sin embargo, sigue habiendo una gran necesidad en los ministerios de la Iglesia con los jóvenes de que más mujeres y hombres de las comunidades religiosas den un paso al frente y estén dispuestos a

---

137. Esta metodología sigue el esquema establecido en *Viviendo como Discípulos Misioneros* (USCCB, 2017), p. 9.
138. *CV*, no. 67.
139. Ver ibid., no. 41.
140. Ibid., no. 199.
141. Ibid., no. 178.

"navegar mar adentro" (Lc 5,4) por el bien de los jóvenes.[142] Para avanzar en esta dirección, rezamos por una mayor inversión en estos ministerios pastorales particulares (con los jóvenes adolescentes, con los jóvenes universitarios y con los jóvenes adultos) dentro de la Iglesia católica. Esperamos que los ministros pastorales dedicados, los padres y abuelos y las familias, los profesores y catequistas, y los propios jóvenes respondan a la invitación de Cristo a ser "colaboradores extremadamente talentosos y generosos en la viña del Señor",[143] corresponsables con los obispos y pastores de la Iglesia en el pastoreo de las almas y en la transmisión de la fe a cada generación.

La dimensión comunitaria de la fe católica nos muestra que quienes acompañan a los jóvenes son más eficaces cuando trabajan en colaboración con toda la comunidad. En particular, buscamos otros esfuerzos ministeriales, especialmente los de la pastoral familiar, para trabajar juntos en el acompañamiento y la formación de los jóvenes. Todos los ministerios con jóvenes forman parte de nuestra familia universal de fe. Es importante, pues, prestar atención al concepto sinodal de *pastoral de conjunto* (o "comunión en la misión"), apreciado durante décadas entre los católicos hispanos y ahora un regalo para el resto de la Iglesia: "la coordinación armoniosa de todos los elementos del ministerio pastoral, las acciones de todos los ministros pastorales… no es solo una metodología, sino también una expresión de la esencia y la misión de la Iglesia, ser y crear comunión".[144] De este modo, la Iglesia trabaja unida a través de una red interconectada de campos ministeriales por el bien de la misión que Cristo nos confió. Como tal, la Iglesia avanza en estos ministerios como una "comunidad en camino".[145]

En la anticipación de los próximos pasos de este camino, cabe preguntarse: ¿hacia dónde vamos? El Papa Francisco se imagina "frecuentar el futuro, para alimentar el entusiasmo, hacer germinar sueños, suscitar profecías, hacer florecer esperanzas".[146] La Iglesia acoge con satisfacción la revitalización del entusiasmo por la fe católica, la realización de los sueños que están presentes en todas las generaciones

---

142. Ver Juan Pablo II, carta apostólica *Novo Millennio Ineunte* (2000), nos. 1-2, 15.
143. *Colaboradores en la viña del Señor* (Editorial USCCB, 2005), p. 64.
144. *Memorias y Conclusiones*, p. 233.
145. *CV*, no. 29.
146. Ibid., no. 199.

y culturas, la voz profética de los jóvenes que piden a la sociedad y a la Iglesia que se acerquen más al Evangelio, y la esperanza que puede florecer cuando la comunidad de fe se compromete como una Iglesia que camina unida. Al redactar este marco, esperamos que las comunidades de fe locales apliquen estas directrices generales (*escucha-enseña-envía*) a su situación específica a través de una cuidadosa reflexión, discernimiento y planificación activa. Este sencillo tríptico puede desplegarse de manera que responda a las realidades específicas que viven los jóvenes en todas las comunidades del país.

El Papa Francisco concluyó *Christus Vivit* animando a los jóvenes a "correr más rápido que los lentos y temerosos",[147] pero también recordándoles que sean pacientes con la Iglesia y con los demás. Sí, el camino continúa, pero a veces es más lento de lo inicialmente previsto. De modo similar, los obispos de los Estados Unidos concluimos este documento animando a todos los fieles –jóvenes y mayores conjuntamente– a perseverar y a ser pacientes en esta importante labor de acompañar intencionadamente a los jóvenes.

Reconocemos que el ministerio no siempre será fácil, ni las cosas cambiarán de la noche a la mañana. Sin embargo, es gratificante y a través del ministerio podemos vivir una vida abundante prometida por Jesucristo (ver Jn 10,10). Con el Señor a nuestro lado, con la guía del Espíritu Santo y con la intercesión de nuestra Santísima Madre María, que siempre vela por la Iglesia, afrontamos con ilusión este sagrado viaje de acompañamiento pastoral y el destino celestial que nos aguarda a cada uno de nosotros.

---

147. Ibid., no.299.